Hans Lange

Jack Russell Terrier

richtig pflegen und verstehen

Experten-Rat
für die optimale
Haltu

W0300419

Farbfotos:
Christine Steimer

Zeichnungen:
Renate Holzner

GU GRÄFE UND UNZER

Inhalt

Vorhergehende Doppelseite: Geht die Jagd nun weiter? Gespannt warten die beiden Jack Russell Terrier auf Befehle ihres Herrn.

Welpen sind sehr verspielt. Spielzeug, das rollt und quietscht, ist besonders beliebt.

Vorwort

Intelligent, quirlig und wachsam, kurz: immer auf Draht – so ist der Parson Jack Russell Terrier, wie er im Rassestandard korrekt heißt.
Um seine positiven Fähigkeiten entwickeln zu können, braucht dieser robuste Hund eine konsequente Erziehung und artgemäße Haltung. Wie Sie mit diesem Terrier richtig umgehen, sagt Ihnen der Autor – ein erfahrener Jack-Russell-Züchter.
In diesem GU Tier-Ratgeber erfahren Sie, worauf Sie beim Kauf achten müssen, was bei der Auswahl eines Welpen zu bedenken ist und wie Sie den Kleinen möglichst streßfrei eingewöhnen können. Darüber hinaus erhalten Sie wichtige Tips zur Ernährung und Gesundheitsvorsorge.
Die Jagd liegt dem Jack Russell Terrier im Blut. Beim Aufstöbern von Füchsen ist er ganz in seinem Element. Aber auch langen Spaziergängen oder Fahrradtouren ist er nicht abgeneigt. Der Autor gibt zahlreiche Anregungen, wie Sie diesen sportlichen und aktiven Hund sinnvoll beschäftigen können.
Auf PRAXIS-Seiten mit anschaulichen Zeichnungen von Renate Holzner: Erziehung Schritt für Schritt, Ratschläge für die tägliche Pflege und Erste-Hilfe-Maßnahmen bei Unfällen und Verletzungen.
Die eindrucksvollen Farbfotos, aufgenommen von Christine Steimer, eröffnen einen Einblick in die Welt dieses außergewöhnlichen Hundes.
Viel Freude mit Ihrem Jack Russell Terrier wünschen Ihnen der Autor und die GU Naturbuch-Redaktion.

Bitte beachten Sie die »Wichtigen Hinweise« auf Seite 63.

Jack Russell Terrier kennenlernen

Hat der Jack Russell seine Aufgabe gut erledigt, muß er auch gelobt werden.

Wie die Rasse entstanden ist
Das Jagen hat in England eine lange Tradition. Fast für jede Art der Jagd wurde eine spezielle Hunderasse gezüchet.
So entstand auch der Jack Russell Terrier, herausgezüchtet aus besonders widerstandsfähigen Arbeitsterriern. Die Aufgabe des Jack Russells bestand darin, Füchse in ihren Erdbauten aufzustöbern und dem Jäger vor die Flinte zu treiben.
Als erster Züchter dieser Rasse wird John (Jack) Russell genannt.
Er wurde 1795 in der Grafschaft Devon, als Sohn eines Pfarrers, geboren. Johns Vater widmete seine Freizeit voll und ganz der Parforcejagd, der Treibjagd zu Pferd. Dazu gehörte auch eine Hundemeute, die bei der Jagd das Wild hetzte. John Russell wuchs also zusammen mit Pferden und Hunden auf und interessierte sich bald nur noch für das, was mit der Jagd zu tun hatte.
Noch während seiner Internatszeit erwarb er seinen ersten Terrier, eine weiße rauhhaarige Hündin mit Abzeichen am Kopf, die damals schon in wesentlichen Punkten dem heutigen Rassestandard entsprach (→ Seite 10). Zusammen mit Schulfreunden baute er seine erste Jagdhundmeute auf.
Nach seiner Internatszeit studierte John Russell in Oxford Theologie, wurde 1819 zum Pfarrer ernannt und bekam dann die Stelle eines Hilfspfarrers in Nymet St. George in Cornwall.
Hier konnte er weiterhin nach Herzenslust mit seinen Hunden jagen und sich ungestört der Jagdterrierzucht widmen. Von den Mitgliedern seiner Gemeinde erhielt er jedoch den Spitznamen »Hunting Parson«, jagdbesessener Pfarrer. 1826 wurde John Russell Hilfspfarrer bei seinem Vater, 1833 Pfarrer in Swymbridge. Bis ins hohe Alter von 82 Jahren frönte John Russell noch seinen beiden Leidenschaften, der Jagdterrier-Zucht und der Jagd zu Pferde. John Russell starb am 28. 4. 1883 im Alter von 88 Jahren.
Bei der Jagdterrier-Zucht nahm John Russel die unterschiedlichsten Einkreuzungen mit anderen einfarbigen oder bunt gefleckten Arbeitsterriern vor. Sein Zuchtziel galt dabei immer der Arbeitstauglichkeit des Hundes auf der Jagd, sein typisches äußeres Erscheinungsbild stand bei ihm an zweiter Stelle.
Der Tradition John Russells folgend, wurden bis in die jüngste Vergangenheit am Jack Russell Terrier Einkreuzungen mit anderen Terrierrassen vorgenommen. Auch andere Hunderassen kreuzte man ein, was aber zu wenig gelungenen Ergebnissen führte, da die Zuchtergebnisse nicht dem Urtyp des Jack Russell entsprachen.
Als eigenständige Hunderasse anerkannt wurde der Jack Russell Terrier am 22. Januar 1990 vom englischen Kennel Club. Seine offizielle Rassebezeichnung lautet: »Parson Jack Russell Terrier«. Am 2. Juli 1990 hat die F.C.I. (Féderation Cynologique Internationale, der internationale Dachverband der Hundezüchter) die vorläufige Anerkennung der Rasse beschlossen.

Hoch aufgerichtet schaut der Jack Russell nach seiner Jagdbeute aus.

Steckbrief: Parson Jack Russell Terrier

Rasse: Parson Jack Russell Terrier
Gruppe: Terrier
Herkunft: Großbritannien
Größe und Gewicht: Schulterhöhe sollte beim Rüden 35 cm, bei der Hündin 33 cm sein. Gewicht: 5 bis 8 kg.
Charakter und Gesamterscheinung: Ein temperamentvoller, intelligenter Hund, der weiß, was er will. Dabei fröhlich, neugierig, furchtlos und wachsam. Ein kleiner bis mittelgroßer, drahtiger Hund mit viel Selbstbewußtsein. Neben seiner eigentlichen Aufgabe als Helfer bei der Jagd, auch als Familenhund zu empfehlen.
Geeignet für: Leute, die Zeit genug haben, sich ausgiebig mit dem Hund zu beschäftigen. Konsequente Erziehung ist ein unbedingtes Muß für diesen Terrier.
Nicht geeignet: Für Leute, die Bequemlichkeit über alles lieben.
Haltungsansprüche: Dieser bewegungsfreudige Hund kann zwar auch in einer Stadtwohnung gehalten werden, doch seine Besitzer müssen bereit sein, täglich ausgedehnte Spaziergänge mit ihm zu unternehmen.
Pflege: Einmal wöchentlich Kämmen und Bürsten. Rauhhaarige Terrier müssen 4 bis 5 mal im Jahr getrimmt werden (→ Seite 31).
Rassetypische Krankheiten: Sind nicht bekannt.
Lebenserwartung: Bei guter Pflege ungefähr 14 Jahre.

Wesensmerkmale

Glücklicherweise ist der Jack Russell Terrier bisher kein ausgesprochener »Modehund«. Dennoch hört man in jüngster Zeit immer mehr von »Welpen-Massenproduktionen«, die unseriöse Züchter anstreben, um das schnelle Geld zu verdienen.
Seriöse Züchter dagegen betreiben die Zuchtauswahl der Hunde mit äußerster Sorgfalt. Ihnen ist es zu verdanken, daß bisher noch keinerlei Erbdefekte weder äußerlich noch wesensmäßig bei dieser Hunderasse aufgetreten sind (→ Wie Sie den richtigen Züchter finden, Seite 14).
Die typischen Wesensmerkmale des Jack Russell Terriers sind: Temperamentvoll, anpassungsfähig, intelligent, wachsam und kinderlieb. Allerdings schaltet er seine Ohren nur zu gern auf »Durchzug«, wenn ihm eine Anweisung nicht paßt. Deshalb braucht der Jack Russell eine konsequente Erziehung.

Meinen ersten Jack Russell Terrier, ich nannte ihn Hatschi, bekam ich vor 21 Jahren. Schnell merkte ich, daß ich den pfiffigsten, intelligentesten und treuesten Hund gefunden hatte, den ich je besessen hatte. Dieser Hund begleitete mich wie ein Schatten überall hin, sei es morgens ins Geschäft, abends in den Reitstall oder an den Wochenenden zu den verschiedenen Reitturnieren – alles ohne Leine, wohlgemerkt. Besonderen Spaß machte es ihm, die Pferde am Strick auf dem Turnierplatz herumzuführen. Als er merkte, welche Attraktion er den Zuschauern damit bot, scheute er sich nicht, bei mir ein angemessenes Belohnunghäppchen einzufordern. Seine Klugheit versetzte mich immer wieder in Staunen.
Wenn wir beide morgens in meinem Geschäft ankamen, dauerte es nicht lange und Hatschi forderte durch lautes Bellen, ihm die Ladentür zu öffnen.

Im Zoogeschäft gegenüber verschaffte er sich auf die gleiche Weise Einlaß. Hatschi war hier schon längst bekannt wie ein »bunter Hund«. Im Laden lief er schnurstracks zur Schublade, in der die Quietschtiere lagen. Wie oft kam es vor, daß ihm völlig fremde Leute solch ein Quietschtier kauften. Dann erschien Hatschi zufrieden, mit Quietschtier im Maul, wieder vor meiner Ladentür.

In die Familie fügt sich der Jack Russel Terrier leicht ein. Er ist jederzeit zu jedem Streich und jeder Aktivität bereit. Dieser naturverbundene Hund liebt lange Spaziergänge. Auch Fahrradtouren findet er großartig und zeigt dabei eine erstaunliche Ausdauer und Beweglichkeit. Der Jack Russell ist nervenstark, unempfindlich und robust. Diese Eigenschaften sind besonders wichtig, wenn noch kleine Kinder in der Familie leben. Da kann es schon einmal vorkommen, daß Kinderhände den Hund unsanft berühren und ihm ungewollt wehtun. Der kinderliebe Terrier bleibt auch dabei gelassen. Bei konsequenter Erziehung ist der Jack Russell gehorsam. Fremden gegenüber verhält er sich furchtlos und mißtrauisch. Der Jack Russell verträgt sich gut mit Artgenossen, sowohl mit Hunden der gleichen Rasse als auch mit anderen Hunderassen.

Als Jagdbegleiter ist der Jack Russell geradezu ideal. Man merkt diesem Hund die Freude an, mit der er seine Aufgabe erfült (→ unten).

Vom Arbeitsterrier zum Familienhund

Seit ungefähr 30 Jahren wird der Jack Russell Terrier auch in Deutschland gehalten. Zunächst war er vor allem in Reiterkreisen zu finden. Man hatte von den Engländern gelernt, daß der Jack Russell ein ausdauernder und fast unermüdlicher Begleiter bei Ausritten war. Dann nutzten auch die Jäger die Fähigkeiten dieses Jagdhundes. Obwohl auf die Baujagd spezialisiert, zeigte er auch hervorragende Fähigkeiten beim Aufspüren und Apportieren von erlegtem Flug- und Niederwild, beim Aufnehmen und Verfolgen einer Wildspur und natürlich bei der Treibjagd.

Seine kinderliebe Art, sein fröhliches unbeschwertes Wesen und, nicht zu vergessen seine kompakte Größe, machen ihn aber auch zum idealen Familienhund.

Im Spiel trainieren die Welpen Schnelligkeit und Reaktionsvermögen.

Der Jack Russell Terrier

Der Jack Russell Terrier ist ein zäher, unternehmungslustiger und anpassungsfähiger Terrier. Er braucht jedoch unbedingt eine konsequente Erziehung, sonst wird er der »Herr im Haus«.
Man unterscheidet zwischen glatthaarigen und rauhhaarigen Tieren. Die Grundfarbe des Fells ist stets Weiß. Es kann jedoch schwarze, braune und / oder lohfarbige Flecken haben.
Erst 1990 wurde der Jack Russell offiziell vom englischen Kennel Club als eigenständige Rasse anerkannt (→ Wie die Rasse entstanden ist, Seite 4).

Glatthaariger Jack Russell Terrier mit schwarzen Abzeichen.

Rauhhaariger Jack Russell Terrier mit braunen und lohfarbenen Abzeichen.

Glatthaariger Jack Russell Terrier mit braunen Flecken.

Rauhhaariger, weiß-brauner Jack Russell Terrier.

Welpe mit dreifarbigem Fell.

Weiß-schwarzer glatthaariger Jack Russell Terrier.

Der Rassestandard

Der Rassestandard ist eine Beschreibung des Idealtyps einer Rasse. Er enthält alle Vorstellungen, wie der ideale Vertreter der Rasse auszusehen hat.
Der Standard wird im Ursprungsland der Rasse – für den Jack Russell Terrier ist dies Großbritannien – erstellt, beim Internationalen Dachverband der Hundezüchter (FCI) hinterlegt und den einzelnen Mitgliedsverbänden zugestellt, damit die Beurteilungskriterien für die Rasse überall einheitlich sind. Der heutige Standard für den Jack Russell Terrier gilt seit dem 2. Juli 1990.

Parson Jack Russell Terrier, wie er dem Rassestandard entspricht.
Sein aufmerksames, keckes Wesen ist diesem Hund anzusehen.

FCI-Standard des »Parson Jack Russell Terrier«

Im folgenden Text ist der Originalwortlaut des FCI-Standards wiedergegeben. Der Hund wird unter der FCI-Standard-Nr.: 339, Grupppe III Terrier, Hochläufige Terrier, Sektion I, geführt. So sieht ein standardgerechter Parson Jack Russell Terrier aus:

Allgemeines Erscheinungsbild: Arbeitsfreudig, lebhaft, wendig; für Schnelligkeit und Ausdauer gebaut.
Charakter: Im wesentlichen ein Gebrauchsterrier, mit der Fähigkeit und dem zur Arbeit im Bau und in der Jagdbeute geeigneten Körperbau.
Wesen: Unerschrocken und freundlich.
Kopf und Schädel: Flach, mäßig breit, zu den Augen hin allmählich schmaler werdend. Flacher Stop (Absatz von der Strin zum Nasenrücken).
Die Entfernung vom Nasenspiegel zum Stop sollte ein wenig kürzer sein als die vom Stop zum Hinterhauptbein. Nase schwarz.
Augen: Mandelförmig, ziemlich tiefliegend, dunkel, mit lebhaftem und durchdringendem Ausdruck.
Ohren: Klein, V-förmig, nach vorne fallend, dicht am Kopf getragen, die Falte nicht über dem höchsten Punkt des Schädels liegend (→ Zeichnung rechts).
Fang: Kräftige Kiefer, muskulös. Perfektes, regelmäßiges und vollständiges Scherengebiß, wobei die obere Schneidezahnreihe ohne Zwischenraum über die untere greift und die Zähne senkrecht im Kiefer stehen.
Hals: Klar umrissen, muskulös, von guter Länge, sich zu den Schultern hin allmählich verstärkend.
Vorderhand: Schultern lang und schräg, gut zurückliegend, klar umrissen am Widerrist.
Kräftige Läufe, die gerade sein müssen, mit Gelenken, die weder nach innen noch nach außen drehen.
Ellenbogen am Körper anliegend, an den Seiten frei beweglich.
Körper: Brustkorb von mäßiger Tiefe, hinter den Schultern von zwei durchschnittlich großen Händen zu umfassen. Rücken kräftig und gerade. Lende leicht gewölbt. Harmonisch.
Die Länge des Rückens vom Widerrist zum Ansatz der Rute ist gleich der

Höhe vom Widerrist zum Boden (Hund länger als hoch).
Hinterhand: Kräftig, muskulös mit guter Wirkung und Beugung des Kniegelenks. Hintermittelfuß kurz und parallel, viel Schub bewirkend.
Pfoten: Kompakt mit widerstandsfähigen, derben Ballen, weder nach innen noch nach außen gedreht.
Rute: Kräftig, gerade, hoch angesetzt. Üblicherweise auf eine zum Körper passende Länge kupiert, die einen festen Zugriff mit der Hand ermöglicht.
Gangwerk/Bewegung: Frei, lebhaft, harmonisch. Gerade im Kommen und Gehen.
Haarkleid: Von Natur aus harsch, anliegend und dicht, rauh oder glatt. Bauch und Unterseiten behaart. Die Haut muß dick sein und locker anliegen.
Farbe: Die Grundfarbe muß weiß sein mit lohfarbigen, schwarzen oder braunen Abzeichen bzw. Flecken.
Größe: Ideale Widerristgröße beim Rüden 35 cm, bei der Hündin 33 cm. Für eine vorerst nicht begrenzte Übergangszeit sollte die Widerristhöhe für Rüden und Hündinnen 26 cm nicht unterschreiten.
Die diesen Idealmaßen nicht entsprechenden Hunde werden aus diesem Grunde bei der Bewertung auf Ausstellungen nicht benachteiligt und können ohne Einschränkung in der Zucht Verwendung finden.
Hoden: Rüden sollten zwei offensichtlich normal entwickelte Hoden aufweisen, die sich vollständig im Hodensack befinden.
Charakteristik: Der Jack Russell Terrier muß lebendig und aktiv sein und eine flinke, wachsame Erscheinung präsentieren.
Er soll eine ausgeglichene und furchtlose Veranlagung haben und die Eigenschaften und den Instinkt eines arbeitenden Hundes beibehalten. Nervosität, Feigheit und Überaggressionen sind kein Zeichen von Mut und Selbstsicherheit. Der Jack Russell Terrier sollte immer vertrauensvoll erscheinen. Jede Abweichung von den vorgenannten Punkten wird als Fehler angesehen, dessen Bewertung im genauen Verhältnis zum Grad der Abweichung stehen sollte.

Klein, V-förmig und nach vorn fallend, so müssen die Ohren eines Parson Jack Russell Terriers sein, damit sie dem Rassestandard entsprechen.

Hinweis: Seriöse Züchter verwenden ausschließlich solche Hunde zur Zucht, die dem Rassestandard entsprechen. Nur so läßt sich auf Dauer erreichen, daß typisches Wesen und Aussehen der Rasse erhalten bleiben (→ Jack Russell Terrier züchtern, Seite 54).
Worauf Sie bei der Auswahl des richtigen Züchters achten müssen und was beim Kauf eines Jack Russell Terriers zu beachten ist, erfahren Sie im folgenden Kapitel.

Ratschläge zu Auswahl und Kauf

Der Jack Russell ist ein sehr gelehriger Hund, der gefordert sein will.

Die Anschaffung eines Jack Russell Terriers sollte sogfältig durchdacht werden. Überlegen Sie sich bitte sehr genau, ob er in Ihren Haushalt paßt und ob Sie genügend Zeit für diesen temperamentvollen, bewegungsfreudigen Hund haben. Ein Jack Russell Terrier, dessen Lebensansprüche nicht beachtet oder vernachlässigt werden, kann schwere psychische Schäden davontragen.
Die folgenden Fragen sollen Ihnen helfen, die richtige Entscheidung zu fällen.

Paßt ein Jack Russell in Ihr Leben?
1. Ein Jack Russell Terrier wird bei guter Pflege im Durchschnitt 14 Jahre alt. Sind Sie bereit, solange die Verantwortung für ihn zu übernehmen?
2. Um seinen Bewegungsdrang zu befriedigen, müssen Sie täglich mindestens morgens einen kürzeren, abends einen ausgedehnten Spaziergang mit ihm unternehmen. Er kann Sie auch auf einem Ausritt, beim Joggen oder einer Radtour begleiten. Konsequente Erziehung des Hundes, Pflege und tägliche Fütterung kosten ebenfalls Zeit. Können Sie die nötige Zeit für ihn aufbringen? .
3. Wer versorgt den Hund im Krankheitsfall oder wenn Sie z. B. unerwartet eine Dienstreise antreten müssen?
4. Ist in Ihrer Mietwohnung Hundehaltung erlaubt?
5. Gibt es in Ihrem Haushalt jemanden, der allergisch gegen Hundehaare ist (→ Wichtige Hinweise, Seite 63)?
6. Ein Jack Russell geht einem interessanten Geruch gerne etwas genauer nach. Zum Stöbern steckt er seine Nase tiefer in die Erde als andere Hunde und buddelt kräftig mit den Pfoten. Das kann auch einmal im Gartenbeet passieren. Haben Sie dann entsprechendes Verständnis für den Hund?
7. Ein Jack Russell Terrier ist nicht gerade billig in der Anschaffung (Welpenpreis: 1200,– bis 2000,– DM). Außerdem fallen jährlich etwa 1200,– DM Kosten für Futter, Pflege, Haftpflichtversicherung (→ Seite 62), Hundesteuer und Tierarztkosten an.
8. Der Jack Russell kann auch im Zwinger gehalten werden. Doch weder im Zwinger noch in der Wohnung sollte ein Hund täglich mehr als vier Stunden allein sein, sonst leidet seine Psyche. Können Sie garantieren, daß er die nötige Ansprache erhält?

Rüde oder Hündin?
Vom Wesen her unterscheiden sich nach meiner Erfahrung Rüde und Hündin nicht voneinander. Manchmal lassen sich Hündinnen etwas leichter erziehen. Geschlechtsspezifische Unterschiede sind naturgegeben. Die Hündin wird zweimal im Jahr läufig und benötigt dann besondere Aufsicht, damit sie nicht von einem x-bliebigen Rüden gedeckt wird (→ Zucht, Seite 54).
Rüden sind immer liebesbereit. Sie markieren während Spaziergängen an vielen Stellen ihr »Revier« mit Urin. Außerdem spielen sie gerne den »starken Mann« gegenüber fremden Rüden, indem sie diese anbellen und verjagen wollen. Wenn Sie lieber einen Rüden möchten, sollten Sie sich zunächst erkundigen, ob nicht allzu viele Hündinnen in der Nachbarschaft leben. Ein lie-

Auch wenn Sie zwei Hunde besitzen, müssen Sie sich genügend Zeit zum Spielen nehmen.

beskranker Rüde kann unausstehlich werden, wenn Hündinnen läufig sind. Er versucht oft mit allen Mitteln, zu der »Geliebten« zu gelangen, heult herzzerreißend und vergißt vor lauter Liebespein sogar das Fressen.

Welpe oder erwachsener Hund?
Die Anschaffung eines Welpen hat einen ganz entscheidenden Vorteil. Sie können in den einzelnen Entwicklungsphasen des Welpen Einfluß auf ihn ausüben, ihn von Anfang an richtig erziehen und intensiv fördern (→ Seite 26).
Hinweis: Beschäftigen Sie sich ausführlich mit der richtigen Hundeerziehung. Unarten, die sich der Hund jetzt angewöhnt, sind ihm später nur sehr schwer wieder abzugewöhnen (→ Bücher, die weiterhelfen, Seite 63).
Ein erwachsener Hund ist zwar bereits stubenrein, aber auch in seinem Wesen meist fest geprägt. Mit der entsprechenden Geduld und Zuwendung gewöhnt er sich schnell an seinen neuen Besitzer und an sein neues Zuhause.

Ein oder zwei Hunde?

Wölfe, die Vorfahren aller Hunde, leben im Rudel. Auch der Hund ist ein Rudeltier. Im Zusammenleben mit seiner Menschenfamilie betrachtet der Hund die Familienmitglieder als sein Rudel. Wieviel schöner muß es für ihn sein, auch noch einen Artgenossen zu seinem Rudel zählen zu können.

Für Sie bedeutet die Anschaffung eines zweiten Jack Russells nicht einmal wesentlich mehr Arbeitsaufwand. Im Gegenteil – in der Regel wird es für Sie sogar etwas einfacher, zumindest, was den Beschäftigungsaufwand betrifft. Zwei Hunde können unermüdlich miteinander spielen oder raufen und so einen Großteil ihres Temperaments und ihres Bewegungsdrangs abreagieren. Allerdings bedeuten zwei Hunde doppelte Kosten (→ Seite 12). Und noch etwas, vergessen Sie nicht, Ihre Zuneigung auf beide Hunde gleich zu verteilen, sonst kann es zu Eifersuchtsszenen kommen.

Mein Tip: Wenn Sie nicht mit Ihren Hunden züchten, aber einen Rüden und eine Hündin möchten, müssen Sie einen der beiden Hunde kastrieren lassen. Auch gleichgeschlechtliche Hunde vertragen sich untereinander sehr gut.

Der Jack Russell Terrier und andere Haustiere

Ihr kluger Jack Russell wird schnell erkennen und akzeptieren, wer zu seinem Rudel gehört und wer nicht. Das können durchaus Katzen, Hühner oder Gänse sein. Dennoch sollten Sie berücksichtigen, daß dieser Terrier eigentlich ein Jagdhund ist. Fremde Katzen z. B. jagt er oft leidenschaftlich.

Mit kleinen Heimtieren wie Hamster, Meerschweinchen, Zwergkaninchen oder Vögeln sollte der Jack Russell anfangs nur unter Aufsicht zusammengebracht werden.

Der gut geplante Hundekauf

Ihren neuen vierbeinigen Hausgenossen sollten Sie bei einem Züchter erwerben, der Mitglied in einem seriösen Hundezuchtverband ist (→ Die Ahnentafel, Seite 16). Auskunft über solche überwachten Zuchten erteilt der VDH (Verband für das Deutsche Hundewesen e. V. → Adressen, Seite 63).

Nur so haben Sie eine gewisse Garantie dafür, daß der Hund eine gesunde Konstitution und wesenstypische Eigenschaften besitzt (→ Seite 10).

Hinweis: Auch auf einer Hundeausstellung können Sie Kontakte zu Züchtern knüpfen.

Wie Sie den richtigen Züchter finden

Der VDH wird Ihnen mit Sicherheit mehrere Züchteradressen nennen. Suchen Sie sich in aller Ruhe denjenigen Züchter aus, der Ihrer Meinung nach seine Hunde am besten hält.

Achten Sie auf:

Welpen und Mutterhündin: Lassen Sie sich den gesamten Wurf und die Mutterhündin zeigen. Hundehändler haben oft nur einen oder mehrere Welpen ohne Mutterhündin zu bieten.

Pflegezustand der Hunde: Schauen Sie sich den Pflegezustand der Hunde genau an. Wie Sie einen gesunden Welpen erkennen, finden Sie auf Seite 15 beschrieben.

Umgang mit den Hunden: Beobachten Sie, wie der Züchter mit seinen Hunden umgeht. Spricht er sie z. B. liebevoll an oder streichelt er sie? Daran können Sie erkennen, ob der Züchter eine gute Beziehung zu seinen Hunden hat.

Papiere: Beim Kauf des Hundes stehen Ihnen die Ahnentafel des Welpen und sein Impfpaß (→ Seite 16) zu. Der Impfpaß wird Ihnen sofort ausgehändigt, die Ahnentafel erhalten Sie, nachdem der Welpe tätowiert und seine Nummer in das Zuchtbuch eingetragen wurde. Ein verantverantwortungsvollerr Züchter wird Ihnen auch einen Ernährungsplan und Tips für den richtigen Umgang mitgeben.

Mein Tip: Hüten Sie sich davor, einen Welpen bei einem gewissenlosen Hundehändler zu kaufen. Zu erkennen sind Hundehändler daran, daß sie in der Regel eine Vielzahl von Hunderassen anbieten. Solche Welpen stammen meist aus »Massenproduktionen«. Zwar erscheint ihr Preis auf den ersten Blick günstig, doch die Hunde sind oft krankheitsanfällig, und die Tierarztkosten übersteigen nachher bei weitem den Welpenpreis, den ein seriöser Züchter für einen gesunden Welpen fordert.

Die Auswahl des Welpen

Hundekauf ist ein unvergeßliches Erlebnis. Wenn man vor den kleinen Zwergen steht, möchte man am liebsten gleich alle mitnehmen. Lassen Sie sich am besten vom Züchter beraten, welcher Hund für Sie der richtige ist. Suchen Sie einen Hund, der Sie bei der Jagd begleiten soll, oder einen Spielgefährten für Ihre Kinder? Wollen Sie später einmal züchten, oder möchten Sie »nur« einen treuen vierbeinigen Begleiter? Der Züchter kennt seine Hunde am besten und wird Ihnen einen Welpen empfehlen, dessen Veranlagung und Temperament gut zu Ihren Ansprüchen passen.

Den Gesundheitszustand eines Welpen können Sie allerdings selbst überprüfen.

• Der Welpe sollte munter und aufgeweckt sein. Welpen, die in der Ecke sitzen bleiben, wenn um sie herum etwas passiert, sind möglicherweise krank.

• Augen und Nase müssen frei von Ausfluß, die Ohren sauber und das Fell glänzend sein.

• Ein gut gepflegter Welpe riecht angenehm, keinesfalls nach Kot und Urin.

• Nach dem Fressen hat der Welpe ein dickes Bäuchlein, aber ein aufgeblähter Bauch kann ein Hinweis auf eine mangelhafte Entwurmung der Welpen sein. Fragen Sie den Züchter nach der letzten Entwurmung.

• Das Gebiß muß vollkommen intakt sein. Die Schneidezähne des Unterkiefers sollen gerade hinter die Schneidezähne des Oberkiefers passen. Größere Spaltbildungen an dieser Stelle oder gar Eckzähne des Unterkiefers, die sich in den Gaumen spießen, deuten auf Gebißfehlstellungen hin. Leichte Gebißfehlstellungen beeinträchtigen den Hund nicht, sind aber sind ein Grund für einen Preisnachlaß. Einen Hund mit schweren Gebißanomalien sollten Sie nicht kaufen.

Spielen, schlafen, fressen, spielen …
so sieht der Tag eines Welpen aus.

• Bei Rüden sollten zum Zeitpunkt der Übergabe bereits beide Hoden fühlbar sein. Hunde, deren Hoden noch im Leistenkanal oder gar im Bauch stecken, erkranken im Alter oft an Hodentumoren.

• Nabelbrüche sind nicht selten, werden vererbt und können zum Problem werden. Fühlen Sie dem Welpen einfach am Bauch entlang. Ein Nabelbruch ist als kleine Vorwölbung etwa in der Mitte des Bauches sicher zu ertasten.

Der Impfpaß

In der Regel gibt der Züchter seine Welpen im Alter von 8 Wochen ab. Der VDH schreibt vor, daß ein Welpe dann schon die erste Grundimpfung gegen die gefährlichsten Infektionskrankheiten hinter sich haben muß (→ Impfplan, Seite 47). Die Impfungen und die Nachimpftermine werden in einen Impfpaß eingetragen, der Ihnen beim Kauf des Welpen ausgehändigt wird. Vor einer Impfung muß der Hund entwurmt werden. Fragen Sie den Züchter, wie oft und mit welchem Wurmmittel er den Welpen entwurmt hat (→ Seite 48).

Die Ahnentafel

Rechtlich gesehen ist die Ahnentafel eine Urkunde, die dem Zuchtverein gehört. Sie werden als Käufer auf der Urkunde eingetragen und sind somit rechtlicher Besitzer eines Hundes. Nach dem Tod des Hundes muß die Urkunde an den Zuchtverein zurückgegeben werden.

Achten Sie darauf, daß auf der Ahnentafel die Zeichen des VDH (Verband für das Deutsche Hundewesen e.V.) und des FCI (Fédération Cynologique Internationale) abgebildet sind. Nur, wenn diese Zeichen vorhanden sind, können Sie sicher sein, daß Ihr Hund aus einer anerkannten und kontrollierten Zucht stammt.

Wichtig wird die Ahnentafel besonders dann, wenn Sie vorhaben, Ihren Hund auf Ausstellungen zu zeigen oder zu züchten.

Hinweis: Fehlen die Zeichen des VDH und des FCI auf der Ahnentafel des Hundes, so ist Vorsicht geboten.

Jeder kann sich in einer Druckerei eine Ahnentafel mit eindrucksvollen Emblemen und klangvollen Namen drucken lassen, ohne strafbar zu handeln, auch skrupellose Hundehändler.

Der Kaufvertrag

Der Erwerb eines Hundes sollte durch einen Kaufvertrag rechtlich abgesichert werden. Bei gerichtlichen Auseinandersetzungen kann der Kaufvertrag von Nutzen sein.

Im Kaufvertrag muß folgendes enthalten sein:

- Adresse des Käufers.
- Adresse des Züchters (Verkäufers).
- Kaufpreis.
- Wann und durch wen die Wurfabnahme durch den Zuchtverein stattgefunden hat.
- Geschlecht des Welpen.
- Geburtsdatum des Welpen.
- VDH-Zuchtbuchnummer und die Tätowiernummer des Welpen.
- Gewicht des Welpen am Tag der Abgabe.
- Wann und mit welchem Medikament der Welpe entwurmt wurde.

Buddeln und Graben ist herrlich. Ob allein …

... oder zu zweit, die Jagd nach Mäusen und Ratten macht immer Spaß.

• Welche Impfungen gegen welche Krankheiten der Welpe schon bekommen hat, am besten noch die Anschrift des behandelnden Tierarztes.
• Eine schriftliche Bestätigung, daß der erworbene Welpe keine erkennbare Krankheit und keinen zuchtausschließenden Fehler hat.
Jeder seriöse Züchter wird Ihnen diese Daten und Bestätigungen anstandslos geben. Schließlich liegt es auch in seinem Interesse, nur einwandfreie und gesunde Welpen abzugeben.

Steuer und Versicherungen
Bei der Anschaffung eines Hundes dürfen Sie auch nicht vergessen, daß Sie für Ihren Jack Russell Terrier, solange er lebt, Steuer und Versicherung zahlen müssen.
Die Hundesteuer ist Pflicht. Spätestens 14 Tage nach dem Erwerb des Hundes, gleichgültig ob es sich um einen Welpen oder einen erwachsenen Hund handelt, müssen Sie das Tier bei der Stadt oder Gemeinde anmelden.
Sie bekommen dann eine Hundemarke, die Ihr Hund am Halsband zu tragen hat.
Eine Hundehaftpflichtversicherung abzuschließen, liegt in Ihrem eigenen Ermessen (→ Adressen, Seite 63). Doch gerade hier sparen zu wollen, wäre nicht sinnvoll. Verursacht Ihr Hund z. B. einen Autounfall, deckt die Haftpflichtversicherung den finanziellen Schaden ab. Sie entbindet Sie allerdings nicht von der eigenen Sorgfaltspflicht bei der Beaufsichtigung des Hundes.
Eine Krankenversicherung für den Hund wird von einigen Versicherungen angeboten. Ob es sich lohnt, eine solche Versicherung abzuschließen, müssen Sie selbst entscheiden (→ Seite 63).

Grundausstattung für den Jack Russell Terrier

Schlafplatz: Hunde mögen einen festen Schlafplatz. Zu empfehlen sind offene Weidenkörbe und Liegeschalen aus Plastik, die so groß sind, daß sich der Hund bequem darin drehen kann. Wichtig ist, daß die Einlagen, Liegedecke oder -kissen, waschbar sind.

Futter- und Wassernapf: Futter- und Wassernäpfe sollten immer am selben Platz stehen. Edelstahlnäpfe mit Gummileiste an der Unterseite sind leicht zu reinigen und rutschen nicht auf glatten Böden. Plastiknäpfe dagegen zernagen manche Hunde. Abgeschluckte Plastikstücke können zu schweren inneren Verletzungen führen.

Futter: Besonders Welpen reagieren auf Futterumstellungen häufig mit Durchfall. Lassen Sie sich daher vom Züchter entweder etwas von dem gewohnten Futter für den Welpen mitgeben oder besorgen Sie sich rechtzeitig das entsprechende Futter. Eine Futterumstellung können Sie problemlos nach der ersten Woche durchführen, indem Sie das neue Futter zunächst in kleiner und dann in steigender Menge dem gewohnten Futter beimischen.

Halsband und Leine: Empfehlenswert sind schmale Nylonhalsbänder. Gewöhnen Sie den Hund an das ungewohnte Halsband, indem Sie ihn zunächst in der Wohnung damit spielen lassen und es ihm dann für kurze Zeit anlegen. Für die ersten Spaziergänge genügt eine leichte Leine aus Nylon. Später ermöglicht dem Hund eine Leine mit einer Aufrollautomatik einen größeren Bewegungsradius. Sie ist nämlich bis zu fünf Meter ausziehbar.

Pflegeutensilien: Für die Fellpflege Ihres Jack Russells benötigen Sie eine Drahtbürste mit abgerundeten Zinken und ein Metallkamm.
Mit Hilfe einer Pinzette werden kleine Fremdkörper (z. B. Stacheln) aus den Sohlenballen herausgezogen, eine spezielle Zeckenzange ermöglicht das einfache Entfernen von Zecken (→ Seite 31). Eine Krallenzange ist zum Krallenkürzen vor allem bei älteren Hunden sinnvoll. Besonders ältere Hunde laufen nicht mehr so gern und nützen deshalb ihre Krallen nicht mehr ausreichend auf natürliche Weise ab.

Spielzeug: Ein Welpe spielt geradezu leidenschaftlich gern. Er sollte daher ausreichend Spielzeug zur Verfügung haben, das er gefahrlos mit seinen spitzen Zähnchen bearbeiten kann. Hierfür bietet der Handel eine Vielzahl von Büffelhautspielzeugen an. Gut sind auch Vollgummispielzeuge wie Quietschtiere oder Bällchen, die der kleine Hund begeistert verfolgt, wenn sie über den Boden rollen. Auch ein Stück naturfarbenes Tau wird von Welpen begeistert zernagt.

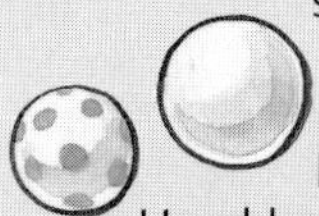

Bieten Sie Ihrem Hund jedoch keinen alten Schuh zum Spielen an. Schuhe – egal ob alt oder neu – betrachtet er sonst in Zukunft immer als sein persönliches Spielzeug.

Gefahren im Haus und draußen

In jeder Wohnung, im Garten und unterwegs gibt es vielerlei Gefahrenquellen für einen Welpen.

Elektrokabel: Freiliegende Elektrokabel laden zum Knabbern und Anbeißen ein. Das kann einen tödlichen Stromschlag zur Folge haben. Daher bei freiliegenden Kabeln Stecker aus der Steckdose ziehen, wenn das Gerät nicht benutzt wird. Man kann auch ein Kabel unter Putz legen oder durch einen Kabelkanal sichern.

Nadeln, Schrauben, Nägel: Diese spitzen Gegenstände immer gut wegräumen. Der Welpe kann sie leicht verschlucken und sich dabei schwere innere Verletzungen zuziehen.

Treppen: Glatte, steile Treppen und offene Treppengeländer durch Kindegitter oder Netze schützen, damit der Welpe nicht abstürzen kann.

Balkon: Balkonbrüstungen mit großen Zwischenräumen durch ein Netz absichern, um den Welpen vor dem Absturz zu schützen.

Chemikalien, Wasch- und Putzmittel: Alles in einem verschließbaren Schrank aufbewahren, damit sich der Welpe nicht daran vergiften kann. In geschlossenen Räumen keine giftigen Substanzen versprühen. Im Garten keine giftigen Pflanzendünger und Insektenvertilgungsmittel wie z. B. Schneckenkorn verwenden.

Abfall: Scherben, Blechdosen und andere scharfe Gegenstände sorgfältig entsorgen, damit der Welpe sich nicht daran schneiden kann.

Plastik: Gegenstände aus Plastik nicht in Reichweite des Hundes liegenlassen. Geschluckte Plastikteile können zu lebensgefährlichem Magen- oder Darmverschluß führen. Löst sich der Weichmacher aus dem Plastik, so können messerscharfe Spitzen Magen- oder Darmwand aufreißen.

Türen und Fenster: Auf offene Türen und Fenster achten, durch die der Hund entlaufen oder abstürzen könnte. Herrscht Durchzug, kann ein kleiner Hund in der zuschlagenden Türe eingeklemmt und schwer verletzt werden.

Gartenteich und Swimmingpool: Teiche mit einem steilen Ufer können zu Todesfallen für den Welpen werden, ebenso ein Swimmingpool. Kann sich der Hund nicht ans Ufer retten, ertrinkt er. Deshalb den Teich mit einem Zaun, den Swimmingpool mit einem Netz absichern. Auch Kletterhilfen sind sinnvoll.

Pflanzen: Giftige oder stachelige Pflanzen außer Reichweite des Hundes aufstellen oder ganz entfernen.

Auf Spaziergängen: Achten Sie darauf, daß der Hund nicht auf Glasscherben tritt. Sie können schwere Schnittverletzungen an den empfindlichen Pfotenballen verursachen.

Beim Spielen im Freien: Werfen Sie keine Steine oder spitze Stöckchen, die der Hund apportieren soll. Kleine Steine können im Spieleifer verschluckt werden, große Steine verletzen den Hund, wenn sie ihn treffen.
Spitze Stöckchen treffen manchmal so auf dem Boden auf, daß ihre Spitze sich in den Rachen des Hundes bohren kann.

Im Auto: Während der Fahrt sollte der Hund seinen festen Platz haben. Am besten ist er im Fußraum des Beifahrersitzes untergebracht.
Soll der Hund im Auto bleiben, während Sie eine Besorgung machen, besonders im Sommer darauf achten, daß er genügend Frischluft bekommt. Im Fachhandel gibt es einbruchsichere Fenstergitter, die leicht ins Autofenster einzusetzen sind und für ausreichend frische Luft sorgen. Das Auto immer im Schatten parken. Bei hohen Außentemperaturen den Hund lieber zu Hause lassen.

Der Alltag mit dem Jack Russell Terrier

Eine kleine Leckerei als Belohnung ist ab und zu ganz angebracht und spornt zu Höchstleistungen an.

Das neue Familienmitglied wird abgeholt

Wahrscheinlich wohnt der Züchter Ihres Welpen nicht gleich um die Ecke. Deshalb sollte der Kleine mit dem Auto abgeholt werden. Nehmen Sie am besten noch eine Begleitperson mit, die sich während der Heimfahrt um den kleinen Hund kümmert. Vergessen Sie auch nicht, eine Decke, eine Plastikunterlage und eine Rolle Küchenpapier mitzunehmen. Dauert die Fahrt lange, braucht der Hund frisches Wasser zum Trinken.
Während der Fahrt wird der kleine Jack Russell am besten auf einer Decke im Fußraum des Beifahrersitzes untergebracht. Unter die Decke legen Sie die Plastikunterlage, denn es kann passieren, daß der Welpe vor lauter Aufregung pieselt. Erfahrungsgemäß übersteht der Welpe im dunklen Fußraum die Fahrt besser als auf dem Sitz. So kann ihm die verüberfliegende Landschaft während der Fahrt keine Übelkeit verursachen. Sollte er sich dennoch erbrechen, leistet das Küchenpapier gute Dienste. Reden Sie oder Ihr Beifahrer beruhigend auf den Hund ein. Auch Streicheln tut ihm jetzt gut. Vielleicht schläft der Kleine sogar ein.
Bei längeren Autofahrten sollten Sie jede Stunde eine kleine Pause einlegen und dem Hund etwas zum Trinken anbieten.
Hinweis: Nicht jeder Züchter hat seine Welpen bereits an das Autofahren gewöhnt. Deshalb ist es wichtig, daß der Welpe das »erste Mal« als angenehmes Eerlebnis in Erinnerung behält. Schlechte Erfahrungen wird er zeit seines Lebens nicht vergessen und sich wahrscheinlich gegen jede weitere Autofahrt energisch sträuben.

Die ersten Tage und Nächte im neuen Zuhause

Daheim angekommen, sollte außer den engsten Familienmitgliedern niemand da sein, um den Welpen zu bewundern. Stellen Sie Ihren neuen Hausgenossen Freunden und Nachbarn lieber zu einem späteren Zeitpunkt vor.
Nach all der Aufregung braucht der Welpe zuerst einmal Ruhe. Zeigen Sie ihm seinen Schlafplatz (→ Seite 22), seine Spielsachen und seine Futternäpfe und lassen Sie ihn dann alleine die für ihn noch fremde Umgebung erkunden. Beaufsichtigen Sie den Welpen aber bei seinen ersten Erkundungsgängen, denn kleine Hunde sind von Natur aus neugierig und furchtlos. Selbst wenn die Wohnung schon längst hundesicher ist (→ Gefahren im Haus und draußen, Seite 19), haben Sie doch vielleicht das Kabel einer Tischlampe übersehen oder vergessen, die Bodenvase wegzustellen. Nimmt der Welpe von sich aus Kontakt zu Ihnen oder einem anderen Familienmitglied auf, darf er behutsam auf den Arm genommen werden. Beim Tragen den Welpen an der Brust und unter dem Hinterteil anfassen.
Nachts wird dem Kleinen meist so richtig bewußt, daß Mutter und Geschwister nicht da sind. Tagsüber hatte er ja genug Ablenkung. Stellen Sie sein Körbchen in den ersten Nächten neben Ihr Bett. Wacht der Kleine auf und beginnt zu winseln, streicheln Sie ihn be-

Auch das Gehen an der Leine will gelernt sein. Der Hund soll immer an Ihrer linken Seite laufen.

ruhigend. Es kann aber auch sein, daß er pieseln muß. Dann bleibt Ihnen nichts anders übrig, als ihn nach draußen zu bringen oder ihn in eine extra für diesen Zweck eingerichtete Ecke im Badezimmer zu bringen (→ Stubenreinheit, unten).

Mein Tip: Keinesfalls darf ein Welpe in den ersten Tagen »Narrenfreiheit« haben. Seine Erziehung muß vom ersten Tag an beginnen (→ PRAXIS-Seite 26). Machen Sie ihm energisch klar, wer der »Rudelchef« ist und was er darf, bzw. was für ihn tabu ist. Zum Beispiel sollten Sie ihm nicht erlauben, in Ihrem Bett zu liegen. Einmal erobert, wird er dieses bequeme Plätzchen nie mehr aufgeben.

Ruhe und Geborgenheit: der Schlafplatz

Das eigene Körbchen oder die eigene kuschelige Decke ist für den Hund ungemein wichtig. Hierhin kann er sich zurückziehen, wenn er Ruhe braucht und ungestört sein möchte. Grundsätzlich sollte sein Schlafplatz an einem festen Platz in der Wohnung eingerichtet sein. Der Schlafplatz darf nicht in einer zu dunklen und abgeschiedenen Ecke liegen, denn der Jack Russell liebt es, trotz Ruhebedürfnis von seiner Warte aus alles verfolgen zu können, was um ihn herum vorgeht. Wichtig ist auch, daß der Schlafplatz nicht dort eingerichtet wird, wo es zieht, z. B. in der Nähe undichter Türen oder Fenster.

Ein Zeichen von Wohlbefinden: Sich-Wälzen im Gras.

Die ersten Erziehungziele

Erziehen Sie Ihren Welpen vom ersten Tag an. Erziehung bedeutet für Ihren Hund keinen unnötigen Drill, sondern das Gegenteil, sie bringt ihm Klarheit darüber, wie er sich innerhalb seines »Menschenrudels« zu verhalten hat. Auch bei den Wölfen herrschen strenge Regeln, an die sich alle Rudelmitglieder zu halten haben.

Die ersten Erziehungsziele bei einem Welpen sind: Stubenreinheit, lernen, auf seinen Namen zu hören und zu akzeptieren, daß der Mensch der »Rudelführer« ist.

Wie wird der Welpe stubenrein?

Zeigen Sie dem Hund seinen Platz im Garten, auf dem Hof, dicht an einem abgelegenen Gebüsch oder in der Straßenrinne, wo er sich lösen darf. Hunde bevorzugen dafür übrigens leicht erhöhte Stellen wie einen herausragenden Stein im Pflaster oder ein Grasbüschel im Rasen.

Wie sich der Hund bemerkbar macht: Wenn Sie Ihren Hund gut beobachten, werden Sie sehr schnell feststellen, wie Ihr Hund Ihnen sagen möchte, daß er mal »muß«. Häufige Anzeichen sind: Unruhe, begleitet von Winseln oder Fiepen, der Welpe dreht sich im Kreis und will sich dabei hinsetzen. Manche Hunde schnüffeln in etwas geduckter Haltung am Boden, andere kratzen an der Tür oder stehen winselnd und bellend davor.

Geregelte Zeiten: Dennoch sollten Sie von einem Welpen noch nicht erwarten, daß er sich jederzeit bemerkbar macht. Besonders im Eifer des Spiels vergißt es ein Welpe oft. Führen Sie ihn deshalb alle zwei Stunden nach draußen, vor allem gleich nach den Mahlzeiten und nach Ruhephasen. Hat er Kot und Urin an der dafür vorgesehenen Stelle abgesetzt, ist ein ausgedehntes Lob fällig: »Braver Hund!«. Nachts kommen Sie ebenfalls nicht darumherum, den Hund »Gassi« zu führen, wenn Sie möchten, daß er schnell stubenrein wird. Erst im Alter von drei Monaten hat der Hund einigermaßen Kontrolle über Darm und Blase und kann die Nacht über durchhalten.

Mein Tip: Damit Sie anfangs nicht jede Nacht nach draußen müssen, können Sie dem Hund vorübergehend im Badezimmer oder auf dem Balkon einen Löseplatz einrichten. Legen Sie dazu eine Ecke mit Zeitungspapier aus.

Wenn das Malheur passiert ist: Haben Sie den rechten Zeitpunkt verpaßt und fließt das Bächlein bereits auf den Teppich, dürfen Sie den Hund keinesfalls strafen. Lassen Sie stattdessen ein empörtes »Pfui« vernehmen und tragen Sie den Welpen nach draußen zu seinem Löseplatz. Behandeln Sie die verunreinigte Stelle auf dem Boden mit einem Spezialmittel (aus dem Zoofachhandel), das den Geruch neutralisiert und den Welpen daran hindert, diesen Platz nochmal zu benutzen.

Auf den Namen hören

Am besten ist es, wenn Sie bereits mit dem Züchter den Namen Ihres Welpen absprechen und er schon daran gewöhnt ist, wenn Sie ihn abholen. Sprechen Sie den Namen Ihres Hundes immer in freundlichem Tonfall aus, niemals im Zusammenhang mit Mißbilligung. Kommt der Hund auf Zuruf seines Namens herbei, wird er anfangs mit einem Leckerchen belohnt und später nur noch ausgiebig gelobt.

Der Mensch ist der »Rudelführer«

Zeigen Sie Ihrem Welpen von Anfang an, wer »Rudelchef« ist. Er darf auf keinen Fall Futterschüssel oder Spielzeug Ihnen gegenüber verteidigen und muß sich jederzeit auch den leckersten Kauknochen aus dem Fang nehmen lassen. Verteidigt er jedoch alles energisch, bedeutet dies, daß der Hund den Rang des Rudelführers beansprucht.

Der Welpe lernt Grenzen kennen, wenn Sie ihm klar machen, daß er nicht alles darf. Teppichfransen oder Schuhe kauen sind für ihn »pfui«. Auch im gemeinsamen Spiel mit ihm können Sie

Der Schlafkorb muß einen festen Standort haben, an den der Hund jederzeit zurückkehren kann, wenn es ihn nach Ruhe verlangt.

dem Welpen begreiflich machen, wer der »Boss« ist. Brechen Sie z. B. ein Spiel sofort ab, wenn der Welpe zu fest mit seinen spitzen Zähnchen zubeißt. Beim »Kampf« um die Futterschüssel nehmen Sie dem Welpen den Napf einfach solange weg, bis er sich wieder freundlich verhält.

Spaziergänge sind wichtig

Beim Spazierengehen, vor allem dann, wenn Sie immer mal wieder einen anderen Weg wählen, kann der Hund neue geruchliche Informationen sammeln und Artgenossen begegnen. Beides ist für eine gesunde Psyche unerläßlich.

Trifft der Jack Russell einen Artgenossen, wird dieser sorgfältig beschnüffelt...

Der Welpe darf in den ersten Wochen jedoch nicht überfordert werden. Ein- bis zweimal täglich ein 10minütiger Spaziergang reicht aus. Ein erwachsener Jack Russell Terrier liebt dagegen mehrere ausgedehnte Spaziergänge pro Tag.

Bei einer Hundebegegnung sollten Sie beiden Hunden die Gelegenheit geben, sich ausgiebig zu beschnuppern und kennenzulernen. Gut ist es in diesem Fall, wenn beide Hunde ohne Leine laufen. Vorausgesetzt, die Hunde sind normal veranlagt, werden sie schnell geklärt haben, ob sie sich sympathisch sind oder lieber aus dem Weg gehen (→ Die Körpersprache, Seite 32).

Problematisch kann es werden, wenn ein Hund angeleint ist und der andere nicht. In dieser Situation entstehen leicht Raufereien. Greifen Sie dann nicht ein. Meist trennen sich die Hunde wieder von allein. Tun sie das nicht, kann jeder Hundehalter versuchen, seinen Hund an den Hinterbeinen zu fassen und wegzuziehen.

Grundsätzlich sollten Sie Ihren Hund anleinen, wenn Ihnen ein fremder angeleinter Hund entgegenkommt. Es ist auch sinnvoll, einen fremden angeleinten Hund nicht allzu nahe kommen zu lassen. Manche Rüden fühlen sich nämlich an der Leine besonders stark und beginnen eine Rauferei.

Mein Tip: Nach meinen Beobachtungen machen die meisten Hundehalter den Fehler, beim Herannahen des fremden Hundes die Leine ihres Hundes automatisch kürzer zu fassen. Dadurch werden Kopf und Schulter des Hundes zurückgezogen – und dies wird unter Hunden als Zeichen von Aggressivität verstanden. Besser ist es, den Hund durch einen kurzen Ruck abzulenken und mit

... und zwar von allen Seiten, durch Nasenkontakt und Analkontrolle.

dem Befehl »Bei Fuß« zum Weitergehen zu bewegen.

Hundehäufchen in Parks, auf Liegewiesen, Spielplätzen oder Bürgersteigen sind schon oft Anlaß für Streitereien gewesen. Wer keinen eigenen Garten hat, sollte sich deshalb angewöhnen, die Hinterlassenschaften seines Hundes zu beseitigen. Im Zoofachhandel gibt es dafür schon lange praktische Sets, die aus Schäufelchen und Tüte bestehen.

Kinder und Hund

Daß der Jack Russell sehr kinderfreundlich ist, habe ich schon mehrfach erwähnt.

Vom erwachsenen Hund wird das Kind wie ein Welpe eingestuft, das bis zu bestimmten Grenzen »Narrenfreiheit« hat und gegenüber dem der Hund eine Beißhemmung zeigt.

Kinder müssen jedoch dazu angeleitet werden, den Hund als Lebewesen mit eigenen Ansprüchen und Bedürfnissen zu respektieren. Dazu gehört auch, daß dem Hund nicht absichtlich Schmerzen zugefügt werden, z. B., indem das Kind den Hund zwickt oder am Schwanz zieht. Außerdem muß das Kind lernen, den Hund während Ruhephasen und beim Fressen nicht zu stören.

Hinweis: Verhaltensgestörte Hunde können ihre natürliche Hemmschwelle verlieren und reagieren unberechenbar. Schuld an einer gestörten Psyche des Tieres ist meist der Mensch. Hat Ihr Hund Kinder oder Erwachsene schon mehrfach gebissen, gehört er unbedingt in tierärztliche Behandlung.

Eine gute Erziehung des Hundes ist die Grundvoraussetzung für ein harmonisches Zusammenleben zwischen ihm und Ihnen. Allerdings verlangen die einzelnen Erziehungsübungen Zeit, die aufzubringen sich jedoch lohnt. Erziehungsfehler, die auch zu Verhaltensstörungen beim Hund führen können, sind nur schwer korrigierbar.
Grundlagen der Erziehung sind: Liebe, Zuwendung, Geduld und Konsequenz.

Erziehungsregeln

1. Einigen Sie sich innerhalb der Familie auf eine Person, die die Erziehung übernimmt und regelmäßig mit dem Hund übt.
2. Alle Familienmitglieder müssen die gleichen Kommandos verwenden.
3. Achten Sie auf einen klaren Tonfall und kurze Befehle wie z. B. »Tasso, aus«, nicht jedoch »Tasso, jetzt ist aber aus«. Denn lange Befehle verwirren Ihren Hund nur.
4. Üben Sie mit einem Welpen regelmäßig, höchstens jedoch zwei- bis dreimal pro Tag je zwei bis vier Minuten. Ab dem sechsten Lebensmonat können Sie das Arbeitspensum langsam bis zu einer Stunde täglich steigern. Dazwischen immer wieder Spielpausen einlegen, damit der Hund nicht die Lust am Training verliert.
5. Neue Übungen zunächst immer in der Wohnung oder im Garten mit dem angeleinten Hund üben, bis der Hund das Kommando begriffen hat. Dann wird ohne Leine trainiert. Später können Sie mit dem Hund auch im Park, zunächst mit, danach ohne Leine üben.
6. Loben Sie den Hund nach jeder exakt ausgeführten Übung. Anfangs motiviert ihn neben dem Lob auch ein Belohnungshäppchen.
7. Manchmal muß der Hund getadelt werden. Das ist für ihn nichts ungewöhnliches, zumal er auch innerhalb seines Rudels für ein Fehlverhalten gestraft würde. (→ Zeichnung 4).

Grundübungen

Zu den Grundübungen der Erziehung gehören: »Gehen an der Leine« und die Kommandos »Sitz« bzw. »Platz«.

Das »Gehen an der Leine«

Zeichnung 1
Voraussetzung dafür ist, daß Ihr kleiner Jack Russell Leine und Halsband akzeptiert. Sie gewöhnen ihn folgendermaßen daran: Legen Sie ihm zunächst das Halsband über mehrere Tage für einige Stunden in der Wohnung an. Hat er sich daran gewöhnt, wird er angeleint. Wahrscheinlich wehrt er sich zunächst gegen die Freiheitseinschränkung. Lassen Sie jetzt zunächst ihn die Laufrichtung bestimmen. Sobald er auch die Leine akzeptiert, kann im Freien geübt werden.
Die Leinenführigkeit: Grundsätzlich geht der Hund an Ihrer linken Seite, währdend Sie die Leine in der rechten Hand halten. Motivieren Sie den Welpen mit einem Leckerle, das Sie ihm mit der linken Hand vor die Nase halten, weiterzugehen und dabei an ihrer linken Seite zu bleiben. Zieht er zu stark vorwärts oder nach links bzw. rechts, wird er durch einen kurzen Leinenruck wieder »auf Kurs« gebracht. Loben und streicheln Sie den Welpen, wenn er sich richtig verhält, auch während des Laufens.

1 Beim »Gehen an der Leine« geht der Hund stets links von Ihnen.

Das Kommando »Sitz«

Zeichnung 2
Diese Übung ist recht einfach. Wieder steht der Hund an Ihrer linken Seite, die Leine liegt in Ihrer rechten Hand. Mit der linken Hand halten Sie seinen Napf so hoch, daß der Welpe zu Ihnen aufschauen muß. Der Welpe wird sich hinsetzen, damit er den Napf besser sehen kann. In diesem Moment geben Sie das Kommando »Sitz«. Durch Kraulen an der Brust wird der Kleine ausgiebig gelobt. Jetzt erhält er seinen Futternapf. Eine andere Methode ist, den Hund am Halsband festzuhalten und ihm sanft

2| *Das Kommando »Sitz« begreift der Hund schnell, denn es gehört zu den leichtesten Übungen.*

3| *Erst wenn der Hund das Kommando »Platz« an der Leine beherrscht, wird im Park geübt.*

sein Hinterteil auf den Boden zu drücken, während Sie den Befehl geben.
Sie können den Hund auch auf Handzeichen trainieren. Dabei bedeutet Ihr erhobener rechter Zeigefinger den Befehl »Sitz«.

Das Kommando »Platz«
Zeichnung 3
Ziel dieser Übung ist es, daß sich der Hund auf den Befehl »Platz« hinlegt und so lange wartet, bis er wieder von Ihnen abgeholt wird.
So wird geübt: Der Welpe steht links von Ihnen, Sie halten die Leine ebenfalls links und gehen neben dem Hund in die Hocke. Jetzt die Leine straff vor dem Hund auf dem Boden halten und ihm mit der rechten Hand ein Leckerle so an der Nase zum Boden vorbeiführen, daß sich der Hund automatisch hinlegt, um an den Leckerbissen zu gelangen. Im diesem Moment den Befehl »Platz« geben. Das Handzeichen für diese Übung ist: Der sich von oben nach unten bewegende rechte Arm.

Tadeln
Zeichnung 4
Manchmal ist es nötig, den Hund zu tadeln. Bei den meisten Hunden reicht ein scharf ausgesprochenes »Pfui«. Doch vielleicht haben Sie ein besonders stures »Exemplar« erwischt. Greifen Sie dann bei dem Wort »Pfui« den Hund rechts und links an seinen Backen und schauen Sie ihn scharf an. Eine weitere artgerechte Form der Strafe ist es, den Hund am Nackenfell zu packen und ihn ein wenig zu schütteln. So bestraft auch die Mutterhündin ihre Welpen.

Alleinbleiben
Bis zum Alter von vier bis fünf Monaten sollte kein Welpe allein bleiben müssen. Auch im Wolfsrudel halten sich die Jungen bis zu diesem Alter immer in der Nähe des Baus auf und werden von erwachsenen Rudelmitgliedern beaufsichtigt. Ein Welpe, der zu früh allein gelassen wird, kann später unter Verlassensängsten leiden. Er heult dann ununterbrochen und zerstört nicht selten Einrichtigungsgegenstände. Üben Sie das Alleinsein mit dem Welpen frühestens ab seinem vierten Lebensmonat.
Nutzen Sie dafür eine Ruhephase des Welpen.
Geben Sie ihm etwas zur Beschäftigung, z. B. einen Kauknochen oder sein Lieblingsspielzeug, wenn Sie das Zimmer verlassen.
Lassen Sie ihn anfangs höchstens zwei bis drei Minuten alleine. Beginnt der Kleine zu jammern, gehen Sie in das Zimmer zurück und tadeln ihn (→ links).
Verlassen Sie das Zimmer dann nochmals für kurze Zeit. Allmählich verlängert man die Zeiten, in denen der Hund allein bleibt. Ein erwachsener Hund kann ausnahmsweise auch einmal einen halben Tag allein bleiben. Die Regel sollte dies jedoch nicht werden.

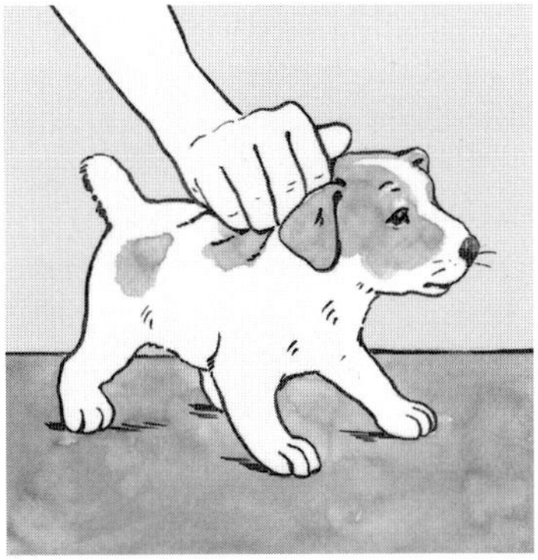

4| *Zur Bestrafung schütteln Sie den Welpen am Nacken, so wie es seine Mutter auch tun würde.*

Aufmerksam beobachten diese beiden Jack Russell Terrier ihren Herrn. Wann gibt er endlich den Befehl zum Aufspüren des Fuchses? Obwohl den Jack Russells auch heute noch das Jagen im Blut liegt, sind sie auch als liebenswerte Familienhunde zu empfehlen.

Hundepflege hat nicht nur etwas mit Ästhetik und Hygiene zu tun, sondern sie dient auch der Gesundheitsvorsorge Ihres Vierbeiners.

Ohrenpflege
Zeichnung 1
Untersuchen Sie ab und zu die Ohren Ihres Hundes. Verschmutzungen lassen sich leicht mit Babyöl lösen und beseitigen. Geben Sie einige Tropfen Öl auf ein spitz zugedrehtes Papiertaschentuch, und wischen Sie vorsichtig die Ohrmuschel damit aus.
Benutzen Sie auf keinen Fall Wattestäbchen. Dringt das Wattestäbchen zu tief ins Innenohr, besteht Verletzungsgefahr.
Hinweis: Ohrausfluß oder Ohrgeruch können auf eine Krankheit hinweisen.

Augenpflege
Zeichnung 2
Nach dem Schlaf bildet sich oft Sekret in den Augenwinkeln, das entfernt werden muß. Benutzen Sie dazu ein sauberes, spitz zugedrehtes Papiertaschentuch (immer von innen nach außen wischen). Sollten sich Krusten gebildet haben, das Taschentuch mit klarem Leitungswasser anfeuchten und die Krusten aufweichen.
Hinweis: Eitriges Sekret, rote Bindehäute und tränende Augen weisen auf eine Krankheit hin, die unbedingt der Tierarzt behandeln muß.

Zahnpflege
Zeichnung 3
Kontrollieren Sie das Gebiß Ihres Jack Russells regelmäßig. Achten Sie dabei auf Zahnstein, der als fester, bräunlicher Belag am Zahnhals zu erkennen ist. Zahnstein muß vom Tierarzt entfernt werden. Bleibt der Zahnstein unbehandelt, können eine Zahnfleischentzündung entstehen, Zahnwurzeln vereitern und Zähne ausfallen.
Vorbeugend gegen Zahnstein wirken Kauknochen.
Hinweis: Ist das Zahnfleisch entzündet oder riecht der Hund unangenehm aus dem Maul, sollten Sie einen Tierarzt zu Rate ziehen.

Duschen
Ihr Jack Russell ist ein richtiger Abenteurer, der unter anderem gezüchtet wurde, um in Erdbauten Wild nachzustellen. Wundern Sie sich deshalb nicht, wenn Ihr Hund auf einem Spaziergang wieder einmal gestöbert hat und sein Fell entsprechend schmutzig ist. Duschen Sie Ihren Jack Russell dann mit klarem handwarmem Wasser ab und reiben Sie anschließend sein Fell mit einem Handtuch gut trocken. Halten Sie den Hund solange im Haus, bis sein Fell wirklich durch und durch trocken ist.
Hinweis: Verwenden Sie kein normales Haarshampoo. Es entzieht dem Hundefell zuviel Fett, das den Hund vor Kälte und Nässe schützt. Im Zoofachhandel gibt es rückfettende Hundeshampoos. Haarwaschmittel jedoch nur anwenden, wenn das Fell sehr stark verschmutzt ist.

Fellpflege
Das Fell des Jack Russell Terriers sollte glatt, glänzend und eng anliegend sein. Einer intensiven Pflege bedarf es nicht. Es genügt, wenn Sie den Hund einmal in der Woche kämmen und bürsten, um abgestorbene Haare aus dem Haarkleid zu entfernen.
Mein Tip: Ein ausgezeichnetes Hausmittel, das für ein glänzendes und dichtes Fell sorgt, ist Margarine. Verteilen Sie nach der

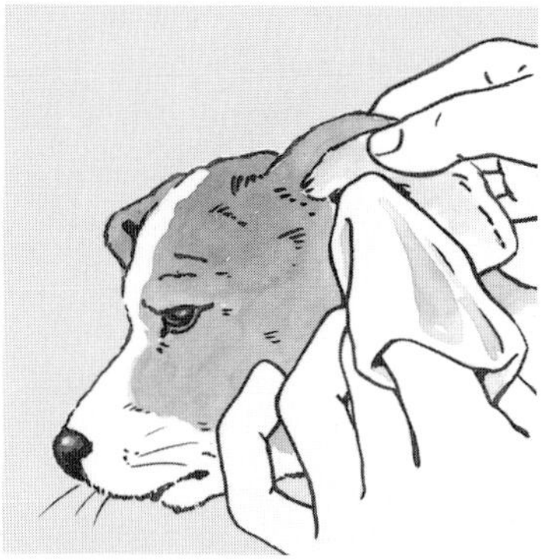

1 Verschmutzte Gehörgänge vorsichtig mit Babyöl reinigen. Keine Wattestäbchen benutzen!

2 Sekret in den Augenwinkeln entfernt man mit einem spitz zugedrehten Papiertaschentuch.

3 Regelmäßig das Gebiß kontrollieren und vor allem auf Zahnstein achten.

Fellpflege etwa einen Teelöffel Margarine über das Fell Ihres Jack Russells und massieren Sie sie sanft in die Haut ein.

Trimmen
Ein rauhhaariger Jack Russell Terrier sollte etwa vier- bis fünfmal im Jahr getrimmt werden. Möchten Sie ihn auf Hundeausstellungen präsentieren, braucht er alle acht Wochen einen Haarschnitt. In vielen Hundevereinen finden regelmäßig Trimmkurse statt, die Ihnen eine genaue Anleitung für das richtige Trimmen bieten. Wer sich das Trimmen nicht zutraut, kann einen Fachmann damit beauftragen.

Pfotenpflege
Während eines Spaziergangs können sich kleine Steinchen und Schmutz zwischen den Sohlen- und Zehenballen festsetzen. Das bereitet dem Hund beim Laufen Schmerzen. Deshalb nach jedem Spaziergang die Pfoten mit klarem Wasser reinigen.
Im Winter kann Streusalz Verätzungen an den empfindlichen Sohlenballen verursachen. Reiben Sie zum Schutz vor jedem Winterspaziergang die Pfoten Ihres Jack Russells mit Vaseline ein.

Parasiten entfernen
Zeichnung 4
Vor allem in den Sommermonaten sollten Sie nach jedem Spaziergang das Haarkleid Ihres Hundes auf Parasiten hin untersuchen.
Zecken sitzen besonders häufig an Kopf und Hals. Frisch festgesaugt sind sie etwa stecknadelkopfgroß und werden am besten mit der Zeckenzange herausgedreht (→ Zeichnung 4). Vollgesogen haben sie die Form und Größe einer Erbse. In diesem Zustand lassen sie sich am leichtesten entfernen: Teilen Sie das Fell um die Zecke so, daß sie freiliegt. Mit der Kuppe des Zeigefingers ohne viel Druck den Zeckenkörper ein paarmal hin- und herbewegen und dann die Zecke mit kurzem Ruck herausreißen.
Flöhe halten sich bevorzugt an den Ohren, der Körperunterseite und den Innenseiten der Hinterbeine des Hundes auf. Sie sind mit bloßem Auge als schwarze Pünktchen auf der Haut des Hundes zu erkennen. Flöhe verursachen dem Hund nicht nur einen lästigen Juckreiz, sondern sie fungieren auch als Zwischenträger für den Bandwurm (→ Entwurmen, Seite 48).
Der Zoofachhandel bietet wirksame Mittel zur Bekämpfung dieser Parasiten an (Puder, Spray, Shampoo; nach Gebrauchsanweisung).
Wichtig ist, daß auch der Schlafplatz und bevorzugte Liegeplätze des Hundes mit desinfiziert werden, denn die Flöhe halten sich auch in der Umgebung des Hundes auf.
Herbstgrasmilben »lauern« in hohem Gras und befallen vor allem Oberkopf, Bauch und Pfoten des Hundes. Die Herbstgrasmilbe ist etwa 0,5 mm groß und als gelblich-rötlicher Belag auf der Haut zu erkennen. Herbstgrasmilben lösen beim Hund starken Juckreiz aus. Auch gegen diese Parasiten gibt es im Zoofachhandel wirksame Mittel, die nach Gebrauchsanweisung angewendet werden müssen.
Hinweis: Insektenhalsbänder (im Zoofachhandel erhältlich) sollen den Hund vor Parasitenbefall schützen. Diese Halsbänder strömen Insektizide aus. Sie bieten zwar einen gewissen Schutz, doch steht der Hund dadurch direkt mit Gift in Berührung.

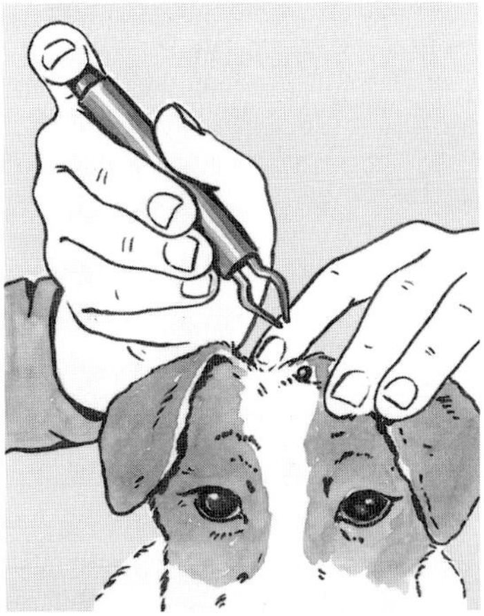

4 Frisch festgesaugte Zecken können Sie mit Hilfe einer Zeckenzange herausdrehen.

Jack Russell Terrier verstehen und beschäftigen

Der Jack Russell Terrier braucht sehr viel Beschäftigung, damit er ausgelastet ist.

Die Sprache des Hundes
Hunde verständigen sich gegenüber Artgenossen durch Körpersprache, Lautsprache und geruchliche Informationen. Im Zusammenleben mit dem Mensch gebraucht der Hund die gleiche »Sprache«. Deshalb ist es wichtig, daß Sie die Verhaltensweisen Ihres Jack Russells richtig deuten können und so erfahren, was er Ihnen »sagen« möchte. Dem Hund seinerseites ist es angeboren, aus Ihrer Mimik, dem Tonfal, wie Sie mit ihm reden, Ihren Bewegungen und »Düften«, die Sie z. B. in Streßsituationen abgeben, abzulesen, wie Sie ihm gerade gesonnen sind.

Die Körpersprache
Sie ist ein Zusammenspiel von Mimik, Ohrhaltung, Haltung der Rute und Signale der Rückenhaare.
<u>Unsicherheit:</u> Bei unsicheren Jack Russell Terriern wirkt die Körperhaltung geknickt, die Ohren spielen nach hinten und die Lefzen sind etwas nach unten gezogen. Dabei wedelt die eingeklemmte Rute fast demütig. Der Blick ist gespannt und leicht unruhig.
<u>Abwehrverhalten:</u> Bei Abwehr werden die Ohren zurückgelegt und die Rute eingeklemmt. Der ganze Hund drückt Unsicherheit aus. Sein Blick ist unsicher, die Nase ist gekräuselt, die Zähne sind sichtbar. Bei mangelnder Fluchtmöglichkeit wird aus der Abwehrhaltung ein Angstdrohen, und der Hund kann zum Angreifer werden.
<u>Demutshaltung:</u> Der aggressionsfreie, ängstliche, demütige und eben unterlegene Jack Russell Terrier legt ausnahmslos die Ohren flach an. Er klemmt die Rute ein, weicht direkten Blicken aus und macht sich klein. Manche Hunde werfen sich sogar auf den Rücken. All diese Anzeichen sind Demutsgebärden und schützen den Hund vor eventuellen Angriffen älterer und stärkerer Artgenossen.
<u>Selbstbewußtsein:</u> Der selbstbewußte Jack Russell, gelassen und interessiert, hat die Ohren nach vorn gerichtet, läßt die Rute hängen und steht aufmerksam und entspannt da.
<u>Imponiergehabe:</u> Ein Jack Russell, der sich aufrichtet, die Rute hebt, das Nackenfell sträubt und einen aufmerksamen bis drohenden Gesichtsausdruck zeigt, will seinen Gegner verunsichern und ihm imponieren.
<u>Drohgebärden:</u> Der Jack Russell Terrier droht unmißverständlich, wenn er in gespannter Körperhaltung mit steil aufgerichteter Rute steht, sein Nackenfell sträubt und einen stechenden Blick bekommt. Er legt den Nasenrücken in Falten und zeigt das vordere Gebiß. Tiefes Grollen bei noch geschlossenem Fang läßt einen Angriff erwarten.
<u>Spielverhalten:</u> Vorderpfoten auf den Boden gelegt, Hinterteil in die Höhe gereckt und das typische Spielgesicht. So fordert Ihr Jack Russell zum Spiel auf. Sein »Spielgesicht« erkennen Sie an seiner leicht geöffneten Schnauze, wobei die Oberlippe leicht hochgezogen ist. Die Ohren werden immer wieder zurückgelegt, der Hund schaut Sie nicht direkt an.
Meist wird die Aufforderung zum Spiel von Bellen begleitet.

Ob ein Hund, zwei Hunde oder ein ganzes Rudel: Spielen macht immer Spaß.

Dem Jack Russell Terrier macht es Spaß, gefordert zu werden und etwas zu lernen. Befehle, die er einmal erlernt hat, vergißt er nie mehr. Vergessen Sie das Loben nicht, wenn Ihr Hund Übungen richtig ausführt und Ihren Befehlen gehorcht!

Pfötchengeben: Dieses Verhalten stammt noch aus der Welpenzeit Ihres Hundes. Der Welpe regt durch tretelnde Bewegungen an den Zitzen der Mutter deren Milchfluß an. Daher nennt man dieses Verhalten auch Milchtritt. Berührt Sie der Jack Russell mit seiner Pfote, kann dies verschiedene Bedeutungen haben. Entweder er bettelt um etwas, möchte Sie beschwichtigen oder fordert Sie zum Spiel auf.
Nasenstupsen: Dieses Verhalten stammt ebenfalls aus dem Welpenalter. Der Welpe pfötelt nicht nur an den Zitzen der Mutter, sondern er stupst sie auch mit der Nase an. Stupst der Hund Sie mit seiner Nase an, möchte er gestreichelt werden oder Sie zum Spielen bewegen.
Gesicht lecken: Diese Geste ist von Ihrem Hund sehr freundlich gemeint. Er möchte Ihnen damit seine Liebe zeigen. Welpen erbetteln durch das Mundwinkellecken bei der Mutter Nahrung. Später, im Rudel, gilt das Lecken der Mundwinkel von Artgenossen als Begrüßungsritual.
Es ist zu verstehen, daß viele Menschen sich davor ekeln, eine feuchte Hundezunge auf ihrem Gesicht zu spüren. Doch von der Seite des Hundes aus gesehen, wäre eine rüde Zurechtweisung für ihn unverständlich. Am besten drehen Sie das Gesicht weg, wenn er sich zum Lecken anschickt. Streicheln Sie ihn jedoch ausgiebig, und reden Sie freundlich auf ihn ein.
Auf den Rücken legen: Eigentlich ist diese Verhaltensweise eine Unterwerfungsgeste gegenüber Artgenossen. Im Zusammenleben mit dem Menschen bedeutet sie jedoch, daß Ihr Jack Russell sich wohlfühlt und Sie als »Rudelchef« akzeptiert.

Die Lautsprache
Durch ganz verschiedene Laute, oft in Verbindung mit der Körpersprache, kann der Jack Russell Terrier eine ganze Menge ausdrücken.
Bellen: Entweder Warnung an ungebetene Gäste oder aber Ausdruck der Freude, z. B. wenn man die Hundeleine in die Hand nimmt und der Hund weiß, daß der heißgeliebte Spaziergang auf dem Plan steht.
Knurren: Drohung, meist gegenüber Artgenossen. Hat der andere Hund begriffen, daß er sich aus dem Staub machen soll, dann ist es gut. Wenn nicht, zeigt der Jack Russell die Zähne, sträubt das Nackenfell und knurrt deutlicher und stärker, ehe er zum Angriff übergeht.
Kurzes Aufschreien: Schmerzlaut.
Winseln: Entweder Bettellaut, Ausdruck der Unterwürfigkeit oder Ausdruck von Schmerz. Beim Winseln sollte man den Hund genau beobachten, um an der Körperhaltung festzustelllen, was er nun wirklich meint.
Heulen: Ausdruck der Einsamkeit oder aber Reaktion auf hohe Töne (zum Beispiel Sirenen).

Die geruchliche Verständigung
Bei einer Hundebegegnung können Sie beobachten, wie die beiden Hunde gegenseitig Schnauzenregion und Hinterteil beriechen. Auch die Hinterlassenschaften anderer Hunde werden intensiv berochen. Hieraus entnimmt der Hund Informationen über den Artgenossen. Er erfährt z. B., ob es sich um eine Hündin oder einen Rüden handelt, ob die Hündin gerade heiß ist, ob der Hund alt oder jung ist und noch vieles mehr.
Auch menschliche Gerüche, beispielsweise hat der Mensch in einer Angstsituation eine ganz bestimmte »Duftnote«, kann der Hund wahrnehmen.

Sport und Spiel mit dem Jack Russell

Der Jack Russell ist und bleibt ein Jagdhund mit Leib und Seele. Aber auch, wenn er nicht bei der Jagd eingesetzt wird, kann er ein zufriedenes glückliches Leben als Familienhund führen. Wichtig für ihn sind jedoch ausreichend Bewegung und sinnvolle Beschäftigung.

Die Begleithundeprüfung

Diese Prüfung bedeutet nicht nur ein erweitertes Erziehungsprogramm für Ihren Hund, sondern bringt ihm auch viel Freude, weil er Aufgaben zu erfüllen hat.

Die Übungen der Begleithundeprüfung bestehen z. B. aus: Leinenführigkeit, Folgen frei bei Fuß, Ablegen in Verbindung mit Herankommen, Bringen eines Stück Wildes oder eines Gegenstands des Führers oder Schuß- und Geräuschgleichgültigkeit.

Trainingskurse unter erfahrenen Hundetrainern bieten viele Hundevereine an. Der Hund darf die Prüfung frühestens mit 12 Monaten ablegen.

Vorbereitungen für die Begleithundeprüfung

Einige Übungen können Sie vorab schon mit Ihrem Hund trainieren. Er sollte allerdings mindestens 6 Monate alt sein, denn erst ab diesem Alter ist der Hund einigermaßen konzentrationsfähig. Für die Erziehung gelten die gleichen Regeln, die ich Ihnen bereits auf der PRAXIS-Seite 26 aufgezählt habe. Zusätzlich berücksichtigen müssen Sie für den erwachsenen Hund:

- Nie direkt nach der Fütterung trainieren, sonst kann es zu einer für den Hund lebensgefährlichen Magendrehung kommen.
- Wenn Sie merken, daß Ihr Hund gerade voller Bewegungsdrang ist, sollte er sich zunächst ein wenig austoben dürfen.

Leinenführigkeit und Freifolge: Ziel der Übung ist, daß der Hund zunächst an der Leine, später frei an Ihrer linken Seite läuft. Er kann selbständig auf Tempo- und Richtungswechsel reagieren und

Das Apportieren eines Bringholzes macht ganz besonders Spaß.

setzt sich automatisch hin, wenn Sie stoppen. Das Kommando für diese Übung ist »Fuß« oder »Bei Fuß«. Grundvoraussetzung ist, daß Sie bereits mit dem Welpen trainiert haben und er mittlerweile problemlos angeleint an Ihrer linken Seite läuft (→ Seite 26). Wenn Sie nun mit ihm zunächst an der Leine losgehen, geben Sie das Kommndo »Fuß« oder »Bei Fuß«. Läuft er richtig an Ihrer Seite geradeaus, können Sie auch Kurven einbauen. Macht der Hund mit, wird er ausgiebig gelobt. Bricht er aus, weisen Sie ihn durch einen kurzen Leinenruck zurecht. Hat der Hund den Befehl verstanden, können Sie jetzt auch Tempowechsel einbauen. Wenn Sie das erste Mal mit ihm ohne Leine üben, achten Sie darauf,

Hier gilt es, sich durchzusetzen. Wer hat denn den Stock aus dem Wasser geholt?

daß der Hund nicht z. B. durch andere Hunde abgelenkt wird. Üben Sie dann lieber mit dem angeleinten Hund.
Das Ablegen: Ziel dieser Übung ist es, daß der Hund sich auf Kommando hinlegt und solange auf seinem Platz bleibt, bis Sie ihn wieder abholen. Auf diese Weise läßt er sich auch aus einiger Entfernung auf Befehl sofort stoppen. Das Kommando hierfür lautet: »Platz und Bleib«.
Wie bereits der Welpe lernt, sich ins Platz zu legen, haben ich Ihnen auf der PRAXIS-Seite 27 beschrieben. Üben Sie nun mit dem Hund an der langen, durchhängenden Leine. Geben Sie ihm das Kommando »Platz und Bleib«. Erst enfernen Sie sich soweit vom Hund, daß die Leine noch durchhängt, später wird der Hund umkreist. Wenn er versucht wegzurobben, gehen Sie zurück und legen ihn wieder auf seinen ursprünglichen Platz. Lassen Sie den Hund anfangs nur kurze Zeit liegen. Später kann die Übungszeit auf einige Minuten ausgedehnt werden. Vergessen Sie nicht, den Hund wieder durch ein Kommando, z. B. »Nun lauf«, aus seiner Übung zu befreien.
Erst wenn der Hund die Übung beherrscht, wird ohne Leine trainiert.

Jagdleistungsprüfungen

Sie werden z. B. vom Jagdgebrauchshundeverband, aber auch anderen Hundevereinen organisiert (→ Adressen, Seite 63). Für Ihren Jack Russell kommen Jagdeignungsprüfung, Bau- und Schweißprüfung in Frage.
Wieviel Spaß Ihrem Jack Russell diese Anforderungen machen, werden Sie an dem »Feuereifer«, mit der er bei der Sache ist, beobachten können.

Agility – Spaß am Hundeleben
Vor rund 20 Jahren wurde Agility, ein Sport für Hund und Mensch, in England erfunden. Diese Sportart erfreut sich auch bei uns immer größerer Beliebtheit. Nicht jede Hunderasse ist für Agility geeignet, doch Ihr Jack Russell ist geradezu dafür geboren. Nahezu jeder Hundeverein bietet bereits Agilitykurse an, in denen die Hunde unter der Aufsicht von erfahrenen und fachkundigen Trainern ausgebildet werden. Auskünfte erteilt auch der Verband für das Deutsche Hundewesen (VDH, → Seite 63).
Das erwartet Sie und Ihren Hund:
Die Hunde werden aufgrund ihrer Größe in die Standard- und die Miniklasse (bis 40 cm) eingeteilt.
Verschiedenste Hindernisse (Schrägwand, Schlauch, Tunnel, Hürden, Laufsteg, Reifen, Wippe, Tisch, Slalom und Weitsprung) müssen von den Hunden in einer festgelegten Reihenfolge (Parcours) schnellstmöglich bewältigt werden. Sie, als Hundeführer, laufen neben den Hindernissen her und geben dem Hund die nötigen Anweisungen. Der Hund muß dabei sowohl Hörzeichen, Handzeichen als auch Körpersprache seines menschlichen Partners für jedes einzelne Parcours-Hindernis erlernen.
Es können die Prüfungen Agility 1 und Agility 2 abgelegt werden. Danach steht der Teilnahme an Turnieren, Landesmeisterschaften, Jahresmeisterschaften, der österreichischen/deutschen Meisterschaft oder der Qualifikation zur FCI-Europameisterschaft nichts mehr im Weg.

Flyball – ein Sport für Apportierprofis
Dieser Turniersport kommt aus Amerika und ist ganz besonders für Hunde, die gerne apportieren, geeignet.
Dabei starten je zwei Mannschaften mit vier Hunden parallel. Der Hund hat die Aufgabe, vier kleine Hürden zu überwinden, bis er zu einer Art Ballmaschine kommt. Per Pfotendruck muß er nun einen Hebel an der Maschine betätigen, wodurch ein Ball hochgeschleudert wird. Der Hund muß den Ball fangen und ihn anschließend über die Hürden zurückbringen. Hat er dies fehlerfrei bewältigt, darf der nächste Hund aus der Gruppe starten. Das schnellste Team ist Sieger.

Begleiter beim Joggen und Radfahren
Der Jack Russell ist ein ausdauernder Läufer und deshalb als Parter beim Joggen und Radfahren bestens geeignet. Gewöhnen Sie den Hund aber erst ab seinem 6. Lebensmonat allmählich an ein längeres Lauftraining.
Joggen: Im Fachhandel gibt es spezielle Jogging-Leinen, die man sich um den Bauch binden kann. Wenn der Hund noch nicht einwandfrei »Bei Fuß« läuft (→ Seite 35), empfiehlt sich solch eine Leine.
Zeigt er den entsprechenden Gehorsam, kann man ihn auch ohne Leine laufen lassen.

Wasserscheu ist der Jack Russell Terrier keineswegs.

Radfahren: Beim Radfahren soll der Hund rechts von Ihnen, also zwischen Rad und Straßenrand, laufen. Verwenden Sie dafür ein gesondertes Kommando wie z. B. »Rad«. Zunächst sollten Sie das Fahrrad nur schieben, während der angeleinte Hund rechts vom Rad läuft. Klappt diese Übung problemlos, können Sie beginnen, langsam zu fahren. Bauen Sie jetzt auch Kurven und Tempowechsel mit ein. Der Hund sollte jedoch immer traben und nicht galoppieren. Wenn Sie anhalten, geben Sie das Kommando »Sitz«. Später wird sich der Hund automatisch setzen, wenn Sie anhalten. Beginnen Sie mit etwa 10minütigen Fahrten, die allmählich gesteigert werden.

Spiele im Freien

Während des Spaziergangs, bei einem ausgiebigen Ausflug oder einfach im Garten lassen sich wunderbar Spiele einbauen, die Ihrem Jack Russell bestimmt viel Spaß machen.

Verstecken: Dazu sind zwei Personen nötig. Während einer den Hund beaufsichtigt oder ablenkt, versteckt sich der andere in einiger Entfernung z. B. hinter einem Baumstamm und ruft den Hund. Mit dem Kommando »Such« wird der Hund losgeschickt, um den Versteckten aufzuspüren.

Anfangs darf der Hund beobachten, wer sich wo versteckt. Schwieriger für ihn wird es, wenn er abgelenkt ist und dann auf Suche gehen soll. Hat er die Aufgabe gelöst, ausgiebiges Loben nicht vergessen.

Balancieren: Umgestürzte Baumstämme finden sich bei jedem Waldspaziergang – eine gute Möglichkeit, das Gleichgewicht zu testen. Lassen Sie den Hund über den Baumstamm balancieren, während Sie nebenher laufen.

Suchspiele: Da der Jack Russell besonders gerne stöbert, wird er dieses Spiel über alles lieben. Verstecken Sie z. B. sein Lieblingsspielzeug unter einem Laubhaufen oder vergraben Sie es einige Zentimeter in der Erde. Legen Sie eine Duftspur, z. B. mit kleinen Leckerbissen. Währenddessen wird der Hund wieder abgelenkt oder von einer zweiten Person festgehalten. Schicken Sie Ihn mit dem Kommando »Such und Bring« auf die Fährte.

Transportauftrag: Sozusagen »mit geschwellter Brust« erfüllt Ihr Jack Russell einen Transportauftrag. Lassen Sie ihn z. B. ein Bringholz oder einen kleinen Vollgummiball tragen.

Bringspiele: Der Jack Russell apportiert mit Leidenschaft. Werfen Sie Ihm ein Bringholz oder ein Bällchen. Fordern Sie ihn mit dem Kommando »Bring« auf, den Gegenstand wieder zu Ihnen zurückzubringen. Steigern Sie den Schwierigkeitsgrad, indem der Hund z. B. über einen niedrigen Zaun oder einen Bach springen muß, um den Gegenstand zu holen.

Lernspiele: Spielerisch lernt der Welpe seine Umwelt kennen. Schaffen Sie im Garten für ihn »Tastfelder« aus verschiedenen Materialien. Das können sein: eine alte Matratze, Plastikfolie, ein Laubhaufen, Stoffbahnen oder Schaumstoff. Der Welpe wird mit einem Leckerbissen animiert, über den ungewohnten Untergrund zu laufen. Lassen Sie dem Hund viel Zeit zum Beschnüffeln und Prüfen.

Das Ballonspiel fördert »Nervenstärke«. Blasen Sie einige Luftballons auf und lassen Sie den Welpen damit spielen. Der erste Luftballon, der zerplatzt, wird den Welpen gehörig erschrecken. Mit der Zeit gewöhnt er sich jedoch an den Knall und wird sogar mit Vergnügen selbst die Ballons zum Platzen bringen. Auf diese Weise gewöhnt man dem Hund übermäßige Schreckhaftigkeit ab.

Selbstgebaute »Trimmgeräte«: Mit ein wenig Geschick können Sie für Ihren Jack Russell Übungsgeräte selbst bauen und ihm so im Garten einen Fitneß-Parcours schaffen. Ein alter Autoreifen dient als Sprunghindernis. Den Reifen mit zwei Aufhängungen z. B. an einem starken Ast so befestigen, daß er sich nicht drehen kann. Die untere Reifeninnenseite mit Sand füllen, damit der Hund beim Springen nicht mit den Pfoten einfädeln kann. Eine Slalomstrecke läßt sich mit Rundhölzern bauen, die nur in den Boden gesteckt werden müssen. Eine einfache Wippe entsteht durch ein dickes Rundholz, über dem ein nicht zu schmales Brett liegt. Auch ein Hochsprunghinderniss ist schnell fertiggestellt. Auf zwei Hockern liegt z. B. ein Besenstiel. Über den Besenstiel wird eine Decke gehängt, damit der Hund nicht unter der Latte hindurchschlüpft.

Solospiele: Befestigen Sie beispielsweise einen kleinen Vollgummiball oder ein Gummiquietschtier an einem Seil, das etwa in 1 m Höhe an einen starken Ast angebunden wird. Begeistert versucht der Hund, es zu fangen, und trimmt sich so ganz nebenbei fit.

Alle Hunde buddeln gerne, aber beim Jack Russell ist das Buddeln geradezu eine Leidenschaft. Hemmungslos wühlen darf er in seinem eigenen Sandkasten. Um ihn an die Kiste zu gewöhnen, vergraben Sie anfangs Leckerbissen oder sein Lieblingsspielzeug in der Sandkiste und erteilen ihm den Auftrag, danach zu suchen.

Spiele in der Wohnung

Mit etwas Phantasie lassen sich wunderbare Spielstunden arrangieren:

»Kräftemessen«: Ziehspiele lieben alle Hunde. »Kämpfen« Sie z. B. mit Ihrem Jack Russell um ein Stück Tau oder ein altes Handtuch. Vergessen Sie dabei aber nie, daß Sie der »Rudelchef« sind. Wird das Spiel zu wild, brechen Sie es einfach ab.

Kombinationsspiele: Zeigen Sie dem Hund einen Gegenstand, z. B. ein Spielzeug, den Schlüsselbund oder einen Leckerbissen. Der Hund muß sich Aussehen und Geruch des Gegenstands merken. Verstecken Sie den Gegenstand z. B. unter dem Teppich oder hinter der Couch und schicken Sie den Hund auf Suche. Wählen Sie anfangs leicht zu findende Verstecke.

Der Tunnel bildet ein Hindernis im Agility-Parcours. Hat der Hund erst einmal erkannt, daß ihm im dunklen Tunnel nichts passiert, läuft er gerne durch.

Die richtige Ernährung

Bei gesunder Hundeernährung kommt es vor allem auf die richtige Nahrungszusammensetzung an. Der Organismus des Hundes braucht nicht nur Fleisch (Protein/Eiweiß), sondern auch pflanzliche Stoffe, Ballaststoffe, Vitamine, Spurenelemente und Mineralstoffe.

Eine ausgewogene Ernährung schafft die beste Voraussetzung dafür, daß der Hund gesund bleibt.

Optimal in der Zusammensetzung: Fertigfutter

Handelsübliches Fertigfutter enthält alle Nährstoffe, die für eine gesunde Ernährung Ihres Hundes wichtig sind. Der Handel bietet Dosen- und Trockenfutter an. Beides ist eine Vollnahrung, mit der Sie Ihren Jack Russell ausschließlich füttern können.

Dosenfutter hat einen Wassergehalt von etwa 75%. Im Handel werden zwei Arten von Dosenfutter angeboten:

- Futter mit einem Fleischanteil von 100% (Muskelfleisch, Pansen, Herz, Leber, Lunge).

Mein Tip: Frißt Ihr Jack Russell bevorzugt diese Fertignahrung, mischen Sie ihm Gemüse- oder Getreideflocken (Fertigprodukt) im Verhältnis $^2/_3$ Dosenfutter, $^1/_3$ Flocken unter seine Futterration.

- Futter, das mit Kohlehydraten in Form von Getreide (Hafer, Gerste, Reis, Weizen oder Mais) angereichert ist.

Trockenfutter hat einen Wassergehalt von 10 bis 30%. Es ist konzentrierter und damit auch energiereicher als Dosenfutter.

Wird der Hund hauptsächlich mit Trockenfutter ernährt, muß er mehr Wasser trinken, damit sein Flüssigkeitsbedarf gedeckt wird.

Mein Tip: Da das Fertigfutterangebot kaum noch zu überblicken ist, fragen Sie am besten Ihren Züchter um Rat. Er beschäftigt sich ausgiebig mit Hundeernährung und wird Ihnen sicherlich gerne Tips zur richtigen Ernährung Ihres Jack Russells geben.

Selbstgekochtes

Um den Speiseplan Ihres Hundes abwechslungsreicher zu gestalten, dürfen Sie ihm auch ab und zu selbstgekochtes Futter anbieten. Allerdings ist es nicht einfach, eine ausgewogene Futtermischung herzustellen. Erkundigen Sie sich genau über den Nährstoffbedarf Ihres Hundes. Die Nahrung sollte dem Hund nicht heiß, sondern maximal handwarm gegeben werden. Lassen Sie daher frischgekochte Nahrung erst etwas abkühlen. Viele Hundefreunde kochen größere Mengen vor und frieren sie portionsweise ein – eine praktikable Lösung.

Das muß im Futter enthalten sein

Protein/Eiweiß: Es ist in Fleisch, Fisch und in Milchprodukten enthalten. Je nach Alter des Hundes sollte der Eiweißanteil in der Nahrung etwa 25 bis 60% betragen. Zum Verfüttern eignet sich Rind, Pferd, Wild, Lamm, Geflügel und Fisch. Auch Innerereien wie Pansen, Herz, Leber und Lunge dürfen gefüttert werden. Den Hund jedoch nie ausschließlich mit Innereien ernähren, da er sonst Mangelkrankheiten bekommen kann.

Achtung: Rohes Rind- und Schweinefleisch kann den Erreger der Aujeszky-

Einige Stunden am Tag muß der Jack Russell Terrier sich schon austoben können!

schen Krankheit enthalten. Diese Krankheit verläuft für Hunde tödlich. Durch rohes Geflügelfleisch kann Salmonellose übertragen werden (→ Seite 48). Beim Kochen oder Durchbraten des Fleisches werden die Erreger abgetötet.
Kohlehydrate: Sie sollten ca. 40% der Nahrung ausmachen. Kohlehydrate sind enthalten in: Reis, Gerste, Hafer, Weizen, Mais, Kartoffeln, Nudeln und Gemüse. Bieten Sie die aufgezählten Nahrungsmittel gekocht an.

Ein Kauknochen befriedigt das Nagebedürfnis und ist gut gegen die Bildung von Zahnstein.

Ungesättigte Fettsäuren: Sie sind in pflanzlichen Fetten (Margarine, Pflanzenöl) enthalten und sorgen für ein glänzendes und dichtes Fell. Reichern Sie dem ausgewachsenen Jack Russell auch Fertignahrung (→ Seite 40) täglich mit einem gestrichenen Eßlöffel Margarine oder Öl an.
Vitamine, Mineralien, Spurenelemente: Fleisch und Gemüse enthalten diese Stoffe schon zum Teil. Doch wenn Sie das Futter für Ihren Hund selbst zubereiten, können beim Kochen insbesonders Vitamine zerstört werden. Damit es nicht zu einer Mangelernährung kommt, wird die Nahrung des Hundes mit einer Mineral-/Vitaminmischung angereichert. Solche Mischungen sind im Zoofachhandel oder beim Tierarzt erhältlich.
Mein Tip: Hundeflocken enthalten bereits Vitamine, Mineralien und Spurenelemente. Dem selbstzubereiteten Hundefutter beigemischt, decken sie den Vitamin-/Mineralienbedarf Ihres Jack Russell Terriers ab.

Futterzusammensetzung je nach Alter
Welpen haben einen höheren Nährstoffbedarf als erwachsene Hunde. Im Fachhandel wird spezielle Welpenkost als Fertigfutter angeboten.
Für erwachsene Hunde muß der Fleischanteil in der Nahrung etwa 30 bis 60% ausmachen. Hunde, die im Jagdeinsatz oder sportlich stark beansprucht sind, brauchen mehr Proteine, also mehr Fleisch, als ein ausgesprochener Familienhund.
Bei alten Hunden ändern sich die Lebensgewohnheiten und die Stoffwechselvorgänge im Körper. Ihr Futter sollte daher aus einem reduzierten Fleischanteil und einem erhöhten Kohlehydratanteil bestehen. Im Fachhandel wird spezielles Fertigfutter für Senioren angeboten.
Eine tragende Hündin (→ Zucht, Seite 54) braucht hochwertiges Futter, also mehr Proteine. Ihre Futterration kann während der Trächtigkeit und des Säugens verdoppelt werden.

Die Futtermenge
Hunde verwerten Futter ebenso unterschiedlich wie Menschen. Deshalb ist es schwierig, genaue Mengenangaben zu machen. Am besten richten Sie sich nach den Angaben auf den Etiketten der Fertigfutterpackungen.
Mein Tip: Ob Ihr Hund zu gut »im Futter steht«, können Sie folgendermaßen feststellen: Streichen Sie Ihrem Hund seitlich über die Rippen. Sind sie deut-

lich zu fühlen, ist der Hund nicht zu dick. Kann man dagegen die Rippen nicht mehr ertasten, wird es Zeit, seine Futterration über einige Zeit zu reduzieren. Achten Sie auch darauf, daß bei Ihrem erwachsenen Jack Russell Terrier immer eine leichte »Taille« erkennenbar ist (→ Wird mein Hund zu dick, Seite 44).

Der Futterplatz
Jeder Hund schätzt einen Futterplatz, an dem er ungestört sein Mahl verzehren kann. Es ist daher sinnvoll, einen festen Futterplatz einzurichten. Hier sollte auch immer ein Napf mit frischem Wasser stehen, der dem Hund jederzeit zugänglich ist (→ Seite 44).

Die Fütterungszeiten
Füttern Sie Ihren Hund am besten nach aktiven Phasen, z. B. nach dem Morgen- oder Abendspaziergang oder nach sportlichen Betätigungen.
Bis zur 12. Lebenswoche erhalten die Welpen 4 Mahlzeiten täglich.
Im Alter von drei Monaten kann man den Hund problemlos dreimal täglich – morgens, mittags und abends – füttern.
Mit vier bis fünf Monaten wird die Fütterung auf zweimal täglich umsgestellt.
Ab etwa 12 Monaten, wenn der Hund erwachsen ist, bleibt es Ihnen überlassen, ob Sie Ihrem Liebling seine Tagesfutterration auf zweimal täglich aufteilen oder ihn nur einmal am Tag füttern. Auf jeden Fall sollte er stets in etwa zur gleichen Zeit gefüttert werden.

Darf der Hund Knochen bekommen?
Knochennagen ist eines der größten Hundevergnügen, es birgt aber auch Risiken. Viele Hunde verschlingen in schwelgendem Knusperspaß viel zu große Knochenstücke, die oft auch noch scharfe Spitzen haben. Da Knochen nicht verdaut werden, können sie als Fremdkörper im Magen-Darm-Trakt ernsthafte Probleme verursachen. Schlimmstenfalls kann es zu einem lebensbedrohenden Darmverschluß oder zu einem Darmdurchbruch kommen. Darüber hinaus verursachen Knochen dem Hunde ab etwa sechs Jahren schlimme Verdauungsprobleme. Oft verbindet sich der Kot mit den Knochenresten zu einer steinharten Masse, dem sogenannten Knochenkot. Diese

Fütterungsregeln

- Halten Sie sich an feste Fütterungszeiten.
- Stören Sie den Hund nicht beim Fressen.
- Stellen Sie immer ausreichend frisches Trinkwasser zur Verfügung.
- Lassen Sie das Futter nicht zu lange stehen. Es fängt nach einer guten halben Stunde (je nach Temperatur) an zu säuern, was zu Magenverstimmungen führen kann. Im Sommer legen Fliegen auch schnell ihre Eier auf dem Futter ab.
- Reinigen Sie die Futternäpfe immer gründlich mit heißem Wasser, um einer Besiedlung durch Bakterien vorzubeugen.
- Das Futter sollte Zimmertemperatur haben.
- Wechseln Sie das Futter nicht zu häufig; es gibt Hunde, denen dann bald kein Futter mehr gut genug ist.
- Schädlich für den Hund sind gewürzte Essensreste, Wurst und Süßigkeiten.
- Milch verursacht durch den enthaltenen Milchzucker bei vielen Hunden Durchfall.

Brocken sind dann so groß und hart, daß der Hund nicht in der Lage ist, sie ohne tierärztliche Hilfe loszuwerden. Beim Verzehr von rohen Knochen besteht die Gefahr einer Übertragung der Aujeszkyschen Krankheit (→ Seite 48).
Gefahrlos dem Kauvergnügen hingeben darf sich Ihr Jack Russell dagegen mit Kauknochen, einem Stück trockenem Brot oder Hundekuchen.
Das Nagen beugt Zahnsteinbildung vor (→ Seite 30).

Ab und zu auch Leckereien
Die Vielfalt der im Handel angebotenen Leckereien ist kaum noch überschaubar. Wählen Sie einfach diejenigen, die Ihrem Hund am besten schmecken. Leckerle gibt es vor allem als Belohnung, z. B., wenn der Hund folgsam war. Keinesfalls darf der Hund ausschließlich mit Leckerbissen ernährt werden, sonst kommt es zu gefährlichen Mangelkrankheiten.

Das richtige Getränk
Der Flüssigkeitsbedarf eines Hundes liegt pro Tag bei 40 bei 70 ml/kg Körpergewicht. Es gibt hier jedoch individuelle Schwankungen. Wird der Flüssigkeitsbedarf teilweise über die Nahrung (Dosenfutter) gedeckt, so trinkt der Hund natürlich weniger.
Das richtige Getränk für ihn ist frisches Leitungswasser. Manche Hunde trinken ab und zu auch sehr gerne kalten Tee (Früchte- oder Schwarztee)
Hinweis: Milch verursacht bei vielen Hunden Durchfall (→ Fütterungsregeln, Seite 43).

Zwei Hunde brauchen auch zwei Futternäpfe.

Magen-Darm-Beschwerden
Durchfall und Erbrechen kommen bei Hunden öfter vor. In den meisten Fällen lassen sich die Beschwerden durch eine Diät wieder in den Griff bekommen.
Magen-Darm-Diät: Entziehen Sie Ihrem Jack Russell einen Tag das Futter, damit sich der Magen-Darm-Trakt beruhigen kann. Die nächsten beiden Tage bekommt der Hund gekochten Reis oder Kartoffelbrei, der mit Wasser zubereitet ist. Am vierten Tag geben Sie einen Teelöffel leicht verdauliches Eiweiß (Hüttenkäse) unter den Reis oder den Kartoffelbrei. Verträgt der Hund dies gut, mischen Sie am nächsten Tag etwas mehr Hüttenkäse unter. Am fünften Tag können Sie beginnen, kleine Mengen des normalen Futters dem Reis bzw. dem Kartoffelbrei beizumischen. Reduzieren Sie nun die Menge an Reis oder Kartoffelbrei langsam, und erhöhen Sie die Menge an Hundefutter in gleichem Maße. Entscheidend ist die langsame Wiedergewöhnung an das normale Hundefutter. Spätestens nach drei Tagen sollte der Kot wieder eine festere Form annehmen, sonst müssen Sie Ihren Tierarzt aufsuchen.

Wird mein Hund zu dick?
Bekommt der Organismus über die Nahrung mehr Energie, als er verbraucht, so lagert der Körper diese

Kein Gramm Fett zuviel hat dieser Jack Russell Terrier. Aufmerksam beobachtet er, was dort unten vor sich geht.

Energie in Form von Fett ab. Ständiges Übergewicht vermindert die Lebenserwartung Ihres Jack Russell Terriers. Es gibt drei Möglichkeiten, Übergewicht abzubauen (→ Futtermenge, Seite 42):

1. Futterreduktion: Sie können Ihrem Hund problemlos ein Drittel der täglichen Futterration streichen, bis er wieder seine gewohnte Figur hat. Auf Leckereien sollte während der Diätphase verzichtet werden.

Das Zufüttern eines Vitamin-Mineralstoff-Präparates ist während dieser Zeit sinnvoll (→ Seite 42).

2. Diätfutter: Bei Ihrem Tierarzt erhalten Sie spezielle Diätfuttermittel, die den Nährstoff-, Vitamin- und Mineralstoffbedarf des Hundes voll decken, jedoch in ihrem Energiegehalt reduziert sind. So können Sie die gewohnte Futtermenge beibehalten, und Ihr Hund nimmt gleichzeitig ab.

3. Bewegung: Speck läßt sich wegtrainieren. Durch mehr sportliche Aktivitäten (→ Seite 35) und längere Spaziergänge können Sie das Gewicht Ihres Hundes reduzieren. Gleichzeitig sollten Sie natürlich die Futtermenge nicht erhöhen, obwohl der Hund nun möglicherweise mehr Hunger hat.

Damit Sie auch feststellen können, ob die »Abmagerungskur« anschlägt, müssen Sie Ihren Jack Russell einmal pro Woche wiegen. Dazu stellen Sie sich zunächst einmal ohne Hund und dann mit dem Hund auf die Waage.

Mein Tip: »Fresser« werden in der Regel nicht geboren, sondern erzogen. Neigt Ihr Hund dazu, sehr viel zu fressen, richten Sie für ihn einen Fastentag in der Woche ein. An den anderen Tagen füttern Sie ganz normal.

Gesundheitsvorsorge und Krankheiten

Die beste Gesundheitsvorsorge für Ihren Jack Russell sind optimale Haltung und Pflege sowie regelmäßige Impfungen und Wurmkuren.

Impfungen
Staupe, Leptospirose, Tollwut, Parvovirose (Katzenseuche), Hepatitis und Zwingerhusten sind Infektionskrankheiten, die das Leben Ihres Jack Russells bedrohen. Tollwut und Leptospirose können auch den Menschen befallen (→ Wichtige Hinweise, Seite 63).

Gesund und kräftig sind diese beiden Jack Russell Terrier, die hier einen Rangordnungskampf austragen.

Glücklicherweise gibt es heute wirksame Schutzimpfungen geben diese gefährlichen Krankheiten, die nicht nur den Hund, sondern auch Sie selbst vor Ansteckung schützen. Impfungen bieten jedoch nur dann einen wirksamen Schutz, wenn sie regelmäßig erneuert werden (→ Impfplan, rechts).
In der Regel hat Ihr Welpe bereits die erste Grundimmunisierung hinter sich, wenn Sie ihn vom Züchter abholen. Die Impfungen und die Nachimpftermine sind im Impfpaß eingetragen.
Hinweis: Vor jeder Impfung muß der Hund entwurmt werden (→ Seite 48).

Gefährliche Infektionskrankheiten
Im folgenden Text finden Sie eine kurze Übersicht der gefährlichsten Infektionskrankheiten mit Hinweisen zu deren Ursachen, Ansteckungsquellen und Symptomen.
Staupe: Diese Viruserkrankung verläuft für den Hund nicht immer tödlich. Übertragen wird sie durch Kontakt zu befallenen Artgenossen (Körpersekrete, Urin, Kot). Die typische Staupe äußerte sich früher oft durch Lungenentzündungen und extreme Durchfälle. Heute tritt sie jedoch immer mehr in Form einer »nervösen Staupe« auf, wobei man vor allem das Zittern einzelner Körperpartien, Lahmheiten, psychische Störungen bis hin zu Krampfanfällen beim Hund beobachten kann.
Leptospirose: Diese bakterielle Erkrankung zeichnet sich durch unterschiedliche Verlaufsformen aus. In schweren Fällen führt sie zum Tod des Hundes. Leptospirose ist auch auf den Men-

schen übertragbar. Übertragen wird diese Krankheit durch Kontakt mit befallenen Artgenossen (Speichel, Urin) und infizierter Umgebung. Krankheitssymptome sind: Thrombosen, sowie Leber- und Nierenschäden.

Tollwut: Die Krankheit wird durch einen Virus übertragen und kann auch für den Menschen gefährlich werden. Ansteckung erfolgt durch den Biß eines tollwutkranken Tieres (über den Speichel). Der Krankheitsverlauf ist für den Hund meist tödlich. Die Symptome äußern sich durch Wesensveränderungen des Hundes (launenhaft, ängstlich, bissig, aggressiv, unruhig, starkes Speicheln, epilepitsche Anfälle).

Parvovirose (Katzenseuche): Diese Virusinfektion verläuft nicht in jedem Fall tödlich für den Hund. Übertragen wird sie durch befallene Artgenossen (Speichel, Urin, Kot). Symptom für die Krankheit ist vor allem eine akute Dünndarmentzündung, bei der die Schleimhäute zerstört werden. Begleiterscheinungen sind z. B.: hellblutiger Durchfall, Erbrechen, Apathie, Zittern.

Hepatitis: Diese Viruserkrankung verläuft für den Hund fast immer tödlich. Übertragung durch befallene Artgenossen (Speichel, Urin, Kot). Symptome sind: Leberschwellung, hohes Fieber, Apathie, Lungenentzündung mit Magen-Darm-Erkrankung, Blutungen im Maul und im Auge.

Zwingerhusten: Viruserkrankung, die vermutlich auch durch Grippeviren des Menschen auf den Hund übertragen werden kann. Besondere Ansteckungsgefahr in Tierheimen und Tierpensionen.

Bei rechtzeitiger Behandlung verläuft die Erkrankung nicht tödlich. Symptome sind: Reizhusten mit spuckenden Geräuschen, Nasenausfluß, Bindehautentzündung, heiseres Bellen.

Hinweis: Besonders das Immunsystem eines Welpen ist noch nicht stabilisiert. Sie sind am schnellsten der Gefahr ausgesetzt, sich anzustecken.

Schutz vor Ansteckung schaffen sowohl für den Welpen als auch für den erwachsenen Hund nur regelmäßige Impfungen.

Impfplan gegen die gefährlichsten Infektionskrankheiten

	Grundimmunisierung Lebenswoche		Auffrischungsimpfung	
	8.	12.	1. Auffrischung	alle weiteren
Parvovirose	x	x	1 Jahr	jährlich
Staupe	x	x	1 Jahr	jährlich
Hepatitis	x	x	1 Jahr	jährlich
Leptospirose	x	x	1 Jahr	jährlich
Tollwut	x	x	1 Jahr	jährlich
Zwingerhusten	x	x	1 Jahr	jährlich

Wichtig: Impfungen werden nicht sofort wirksam, es dauert etwa 1 bis 2 Wochen, bis der Impfschutz eintritt.

Wer seinen Hund sorgfältig beobachtet, erkennt frühzeitig, wenn er sich nicht wohl fühlt.

Warum die Entwurmung wichtig ist

Band- und Spulwürmer sind die häufigsten Wurmarten, die der Hund bekommen kann. Sie schwächen nicht nur seinen Organismus, sondern können auch Entwicklungsstörungen zur Folge haben.

Außerdem können diese Wurmarten auch auf den Menschen übertragen werden.

Bandwürmer werden manchmal bis zu mehrere Meter lang. Mit bloßem Auge zu erkennen sind die 5 bis 10 mm großen, weißlichen, sich bewegenden Bandwurmglieder im Kot und im Fell um den After herum.

Spulwürmer befallen vor allem den Dünndarm des Hundes. Die 10 bis 15 cm langen spaghettiähnlichen Würmer sind im Kot oder in Erbrochenem des Hundes zu finden. Den Befall mit Spulwürmern bemerkt man nur, wenn der Hund einmal einen erbricht. Spulwürmer sehen wie Spaghetti mit zwei spitzen Enden aus.

Bekämpfung: Entwurmungen sind bei Welpen und Junghunden noch recht häufig nötig, da das Immunsystem erst langsam lernen muß, Wurminfektionen abzuwehren und in Grenzen zu halten. Welpen bekommen ihre Wurmkuren mit zwei, vier, sechs, acht und zwölf Wochen und dann mit sechs, neun und zwölf Monaten.

Beim erwachsenen Jack Russell sind Wurmkuren nur noch zweimal im Jahr erforderlich.

Entwurmt werden sollte grundsätzlich einige Tage vor dem jeweiligen Impftermin, da man eine optimale Impfwirkung nur bei völliger Wurmfreiheit erwarten kann.

Hinweis: Medikamente zum Entwurmen wie Tabletten oder Pasten bekommen Sie beim Tierarzt oder gegen Rezept in der Apotheke (Gebrauchsanweisung bitte genau beachten).

Krankheiten durch rohes Fleisch

Obwohl für den Hund rohes Fleisch seiner artgerechten Ernährung entspricht, kann es doch Krankheiten verursachen:

Die Aujeszkysche Krankheit wird durch rohes Rind- und Schweinefleisch übertragen. Die Erreger sind Viren, die für Rind und Schwein wenig, für den Menschen überhaupt nicht gefährlich sind. Hunde und übrigens auch Katzen können allerdings in kürzester Zeit (zwei bis drei Tage) nach einer Infektion daran sterben.

Die Salmonellose ist eine bakterielle Erkrankung, die durch rohes Geflügelfleisch übertragen werden kann und mit starken Durchfällen einhergeht. Durch eine spezielle Diät und eine Antibiotikabehandlung ist es möglich, die Krankheit auszuheilen.

Darmparasiten, wie z. B. Spul- und Bandwürmer oder Kokzidien, können ebenfalls durch den Verzehr von rohem Fleisch übertragen werden.

Hinweis: Durch das Füttern mit Fertigfutter ist der Hund vor diesen Krankheiten geschützt. Wenn Sie ab und zu selbst ein Hundemenü zubereiten möchten, achten Sie darauf, daß das Fleisch entweder abgekocht oder gut durchgebraten ist. Auf diese Weise werden die Krankheitserreger nämlich abgetötet. Kaufen Sie Frischfleisch am besten nur dort ein, wo Sie ganz sicher sind, daß es von amtlichen Fleischbeschauern untersucht wurde.

Krankheiten erkennen

Ist Ihr Hund Ihnen erst einmal vertraut, werden Sie sehr schnell erkennen, ob es ihm gut geht oder er sich unwohl fühlt. Zögern Sie nicht, schon bei den geringsten Krankheitsanzeichen den Tierarzt zu Rate zu ziehen. Je eher eine Krankheit erkannt und richtig behandelt wird, umso schneller wird Ihr Jack Russell wieder »auf den Beinen« sein.

Gesunde Jack Russell Terrier sind voller Vitalität, wie man auf diesem Foto sieht.

Folgende Veränderungen können auf eine Krankheit hindeuten:
- Der Hund wirkt apathisch und verkriecht sich.
- Er jammert bei Berührung.
- Der Hund hustet, speichelt, würgt oder niest.
- Er kratzt sich ununterbrochen das Fell, beißt sich ins Fell oder schüttelt unentwegt den Kopf.
- Kot und Urin sind verändert.
- Seine Schleimhäute (Augen, Zahnfleisch) sind blaß oder gerötet.
- Der Hund hat Fieber oder Untertemperatur (→ Fieber messen, Seite 51).
- Er hat ein stumpfes Fell, trübe Augen und eine trockene Nase.
- Er leidet an Appetitlosigkeit oder frißt übermäßig viel.
- Der Hund trinkt viel oder weniger als sonst.
- Er schwankt oder taumelt beim Laufen.
- Ihr Jack Russell erbricht ständig.
- Der Hund hat Mundgeruch.
- Er lahmt oder humpelt.

Notfallsituationen im Zusammenhang mit Krankheiten können bei der Hundehaltung immer einmal auftreten. Wie Sie richtig handeln, finden Sie im folgenden Text beschrieben.

Unfall

Zeichnungen 1 und 2

Wurde Ihr Jack Russell Terrier von einem Auto angefahren oder bei einer Beißerei verletzt, kann oft nur schnelle Hilfe Leben retten:

Starke Blutungen: Pulsierende Blutungen müssen sofort unterbunden werden, damit der Hund nicht verblutet (→ Zeichnung 2). Dazu mit einer elastischen Binde oder einem Strumpf den Blutstrom oberhalb der Wunde stoppen und den Hund sofort zum Tierarzt bringen.

Unfallschock: Ist der Hund bewußtlos und hat eventuell innere Verletzungen bzw. Knochenbrüche, muß er sofort zu einem Tierarzt gebracht werden. Haben Sie für den Transport keine stabile Unterlage zur Hand, kann er auch auf einer Decke transportiert werden (→ Zeichnung 1).

Vergiftungen

Anzeichen: Starker Speichelfluß, wiederholtes Erbrechen mit Blut im Erbrochenen, manchmal auch Durchfall, Blut auch in Kot oder Urin, blasse oder bläuliche Schleimhäute, jagender Puls, Krampfanfälle oder Ohnmacht.

Was zu tun ist: Nur innerhalb der ersten 30 bis 60 Minuten nach der Giftaufnahme kann durch Brechmittel, Magenspülungen oder Abführmittel die Giftaufnahme des Körpers verringert werden. Deshalb sollte der Hund sofort zu einem Tierarzt gebracht werden. Ist der Weg zu weit, können Sie in telefonischer Absprache mit dem Tierarzt versuchen, den Hund zum Erbrechen zu bringen. Dazu dem Hund zwangsweise konzentrierte Kochsalzlösung (1 Eßlöffel Salz auf 100 ml Wasser) eingeben (→ Medizin eingeben, Seite 51). Auch Kohletabletten binden Gifte im Körper und schaden dem Hund nicht. Wichtig ist, daß das Tier viel frisches Wasser trinkt. Das Wasser verdünnt die Wirkung des Giftes, und wenn es der Hund erbricht, wirkt es wie eine Magenspülung.

Hinweis: Falsch ist es, dem Hund Milch, Öl oder Rizinusöl einzugeben. Dies kann die Wirkung des Giftes sogar noch verstärken.

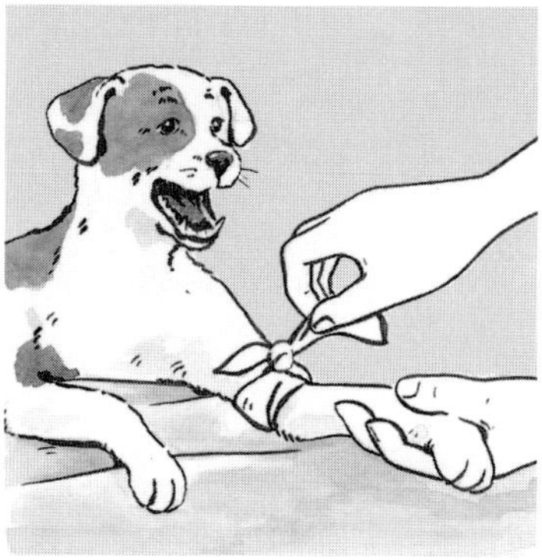

2 Stark blutende Wunden müssen oberhalb der Wunde abgebunden werden.

Insektenstich

Viele Hunde schnappen im Sommer nach Insekten und versuchen, sie zu fangen. Insektenstiche sind besonders an den Pfoten oder im Bereich des Fangs häufig. Ziehen Sie den Stachel des Insekts heraus, wenn Sie ihn finden, und reiben Sie die betroffene Hautstelle mit einer Salbe gegen Insektenstiche ein. Bei geringen Schwellungen hilft auch Eiswasser als Kühlung. Hat der Hund das Insekt im Maul und wird gestochen, kann es zu starken Schwellungen mit Erstickungsgefahr kommen. In diesem Fall muß der Hund sofort zum nächsten Tierarzt gebracht

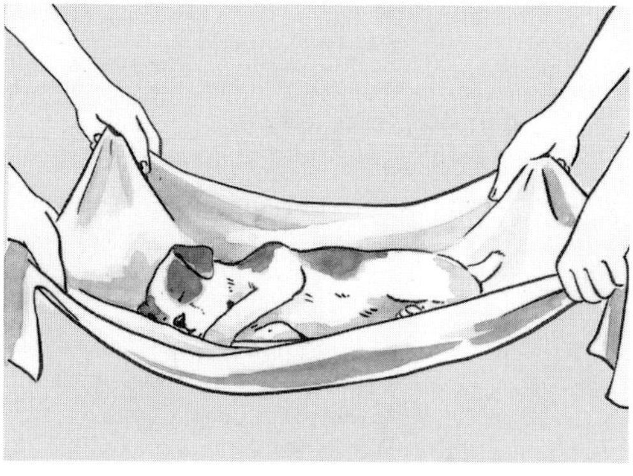

1 Hunde mit inneren Verletzungen oder Brüchen werden am besten in einem Tragetuch transportiert.

werden. Es gibt übrigens auch bei Hunden allergische Reaktionen auf Insektenstiche, die zu einem Schockzustand (rasche Atmung, erhöhter Puls, blasse Schleimhäute) führen können. Auch in diesem Fall den Hund sofort zum Tierarzt bringen.

Fremdkörper
Zeichnung 3
Nadeln, Plastikteilchen, Gummiringe usw. kann der Hund verschlucken (→ Gefahren, Seite 19). Diese kleinteiligen Fremdkörper können den Magenausgang zwar passieren, bleiben aber oft im Dünndarm stecken. Eine Darmlähmung bzw. ein Darmverschluß sind oft die Folge.
Symptome: Appetitlosigkeit, Erbrechen, hohes Fieber, fehlender Kotabsatz, Apathie, Bauchschmerzen.
Was Sie tun können: In jedem Fall müssen Sie den Hund sofort zu einem Tierarzt bringen. Innerhalb der ersten 6 Stunden kann der Tierarzt dem Hund ein Brechmittel verabreichen. Später bleibt nur die Möglichkeit einer genauen medizinischen Kontrolle bis zum Ausscheiden des Fremdkörpers im Kot. Bei einem akuten Darmverschluß kann nur eine Notoperation Leben retten.

Hinweis: Manchmal verkeilen sich Holz- oder Knochensplitter zwischen den Zähnen oder spießen sich in den Gaumen (→ Zeichnung 3). Versuchen Sie zunächst selbst, den Splitter zu entfernen. Gelingt dies nicht, mit dem Hund den Tierarzt aufsuchen.

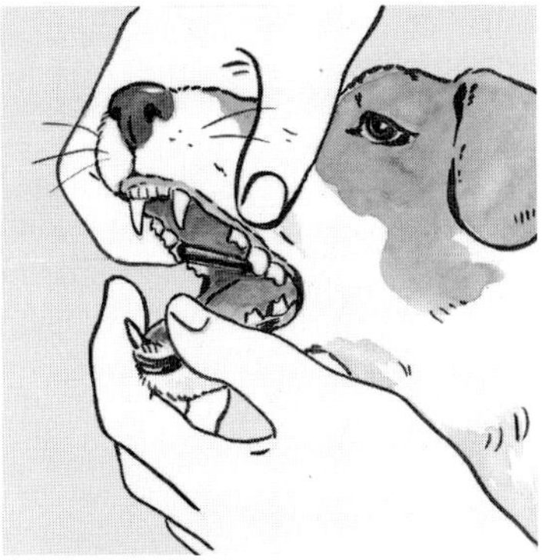

3 Holz- oder Knochensplitter, die sich verkeilt haben, können Sie selbst entfernen.

4 Flüssige Medikamente werden am besten mit einer Einwegspritze ohne Kanüle ins Maul gespritzt.

Fieber messen
Die Normaltemperatur des Hundes liegt bei 38 bis 39 °C. Werte darüber oder darunter deuten auf Erkrankung hin. Zum Fiebermessen verwenden Sie am besten ein Digitalthermometer (unzerbrechlich), dessen Spitze mit Vaseline eingefettet wird. Dabei ist es sinnvoll, daß eine Person den Hund festhält und beruhigend auf ihn einredet, während die andere Person seine Rute hochhält und das Thermometer etwa 3 cm in den After einführt. Während der Messung Thermometer festhalten, damit der Hund es nicht herauspreßt.

Medizin eingeben
Zeichnung 4
Tabletten sind häufig nicht so einfach zu verabreichen, zumal Ihr Liebling meist schnell merkt, daß die Tablette vielleicht im Leberwursthäppchen versteckt ist. Er frißt zwar die Leberwurst, doch die Tablette spuckt er gleich wieder aus. Sicherer ist folgende Methode: Öffnen Sie vorsichtig den Fang des Hundes, indem Sie seine Lefzen leicht gegen die Backenzähne drücken. Legen Sie die Tablette weit nach hinten auf die Zungenmitte. Halten Sie ihm nun für kurze Zeit die Schnauze zu und heben Sie seinen Kopf leicht an.
Flüssige Medizin: Füllen Sie sie am besten in eine Einwegspritze ohne Kanüle. Heben Sie den Kopf des Hundes leicht an und spritzen Sie die Medizin seitlich zwischen Mundwinkel und Backenzähne. Damit sich der Hund nicht verschluckt, die Medizin in kleinen Dosen verabreichen.
Augentropfen: Sie werden in das untere Augenlid geträufelt. Dabei das Lid leicht nach unten ziehen.
Augensalbe: Die Salbe als »Strang« unter das obere Augenlid legen. Lid dabei leicht anheben.
Ohrentropfen: Den Kopf des Hundes ein wenig schräg halten und Tropfen einträufeln.

Jack Russell Hündin mit Welpen. In den ersten drei Lebenswochen ernähren sich die Welpen ausschließlich von der Muttermilch. Ab der vierten Woche können Sie ihnen dann breiförmige Zusatznahrung anbieten, um die Mutter zu entlasten. Die Hündin benötigt während der Welpenaufzucht besonders eiweiß- und energiereiches Futter.

Jack Russell Terrier züchten

Hundenachwuchs zu bekommen und die Aufzucht der Welpen zu beobachten, ist ein wunderschönes Erlebnis. Sie sollten sich jedoch darüber im klaren sein, daß Sie dann mehr Arbeit und Zeitaufwand einkalkulieren müssen.

Vor der Zucht zu bedenken

Für das seelische Gleichgewicht und die Gesundheit Ihres Jack Russell Terriers ist es nicht wichtig, ob er in seinem Leben Nachwuchs gezeugt oder bekommen hat. Doch wenn Sie sich für die Zucht entscheiden, bedenken Sie bitte, daß es nicht um die planlose Vermehrung geht, sondern vor allem darum, die charakteristischen Eigenschaften einer Rasse zu erhalten bzw. zu festigen. Beachten Sie deshalb folgendes:

- Werden Sie Mitglied in einem anerkannten Rassehundezuchtverein (→ Seite 63) unf halten Sie sich an die Zuchtbestimmungen. Das Mindestzuchtalter für Rüden beträgt 9 Monate, für Hündinnen 15 Monate. Für Rüden besteht keine Altersbegrenzung, Hündinnen dürfen bei der Vollendung des achten Lebensjahres nicht mehr für die Zucht verwendet oder eingesetzt werden. Zuchtpausen sind für die Hündin vorgeschrieben und hängen immer von der jeweiligen Wurfstärke ab.
- Nur mit gesunden, vom Wesen her gefestigten Hunden ohne anatomische Fehler züchten.
- Die Elterntiere sollten eine anerkannte Ahnentafel besitzen (→ Seite 16).

Das Decken der Hündin

Zweimal im Jahr wird die Hündin läufig. Die erste Läufigkeit kann mit fünf Monaten, aber auch erst mit sieben Monaten auftreten. Ich habe auch schon Hündinnen erlebt, die erst mit zwölf Monaten läufig wurden. Danach pendelt sich der Zyklus regelmäßig alle sechs Monate ein.

Als erstes Anzeichen der Läufigkeit ist eine Schwellung der Scheide zu beobachten. Die Läufigkeit dauert ungefähr drei Wochen an und verläuft in drei Phasen:

Vorbrunst (vom 1. bis 10. Tag): Die Hündin ist ein wenig unruhiger als sonst. Sie blutet wenig. Das Blut ist dunkel gefärbt. Noch wehrt sie den Rüden ab.

Hochbrunst (vom 10. bis 16. Tag): Das Blut wird immer heller oder bleibt ganz aus. Jetzt ist die Hündin aufnahmebereit. Man sagt auch, die Hündin »steht«, da sie nur an diesen Tagen den Rüden so weit duldet, daß er sie auch decken darf. Hündinnen, die deckbereit sind, legen sofort den Schwanz zur Seite, wenn man sie am Schwanzansatz streichelt, manche schieben einem auch regelrecht das Hinterteil zu. Ihre Hündin sollten Sie am elften Tag zum Deckrüden bringen und am 13. Tag nochmals nachdecken lassen.

Nachbrunst (vom 17. bis 21. Tag): Diese Zeit verläuft in der Regel für den Beobachter unauffällig. Veränderungen spielen sich während dieser Zeit im Körper der Hündin ab. Im Falle einer Befruchtung wird die Gebärmutter auf die Aufnahme der Embryonen vorbereitet. Wird die Hündin nicht befruchtet, so bildet sich die Gebärmutter wieder in den Ruhezustand zurück.

Hinweis: Um Blutflecken in Ihrer Wohnung während der Läufigkeit zu vermeiden, können Sie der Hündin Schutzhöschen anziehen, die im Zoofachhandel angeboten werden.

Für Rüden wird Ihre Hündin oft schon

höchst attraktiv, bevor Sie die ersten Anzeichen einer Läufigkeit feststellen. Ihre Nase ist der beste und sicherste Indikator für eine beginnende Läufigkeit. Wenn Sie keinen Nachwuchs wünschen, sollten Sie um den 13. Tag der Blutung besonders auf Ihre Hündin aufpassen. Lassen Sie sie nicht unbeaufsichtigt laufen, denn einem routinierten Rüden reichen wenige Minuten für einen erfolgreichen Deckakt.
Über Möglichkeiten zur Verhinderung der Läufigkeit wird Sie Ihr Tierarzt gerne informieren.

Das Liebesleben der Rüden
Im Gegensatz zur Hündin ist der Rüde immer deckbereit. Er wird nur durch das Verhalten der Hündin gebremst bzw. aufgefordert. Der Rüde riecht eine läufige Hündin von weitem. Einige Rüden leiden sogar regelrecht, wenn in der Nachbarschaft eine läufige Hündin für sie nicht erreichbar ist, und verweigern dann jegliches Futter. In solch schlimmen Fällen hat Ihr Tierarzt ebenfalls Möglichkeiten, die »Leiden« Ihres Rüden etwas zu mildern.

Die Paarung
In der Regel wird eine Hündin zum Decken immer zum Rüden gebracht. Ist der Zeitpunkt richtig gewählt, duldet die Hündin den Rüden. Es gibt allerdings auch unter Hunden individuelle Sympathien bzw. Antipathien, und so kann es passieren, daß die Hündin den Rüden abwehrt.
Der Deckakt kann bis zu 30 Minuten dauern. Während des Deckaktes schwellen beim Rüden der Penis und die Schwellkörper an der Peniswurzel an, gleichzeitig verengt sich der Vaginalring der Hündin.

Die Trächtigkeit
Die Tragezeit einer Hündin beträgt 58 bis 63 Tage. Es gibt jedoch so große zeitliche Abweichungen, daß schon nach 56 Tagen normal entwickelte Welpen geboren werden können. Frühgeburten sind ab 50 Tagen lebensfähig, müssen aber mühevoll aufgepäppelt werden. Ich rate davon ab, denn erfahrungsgemäß bleiben solche Frühgeburten immer krankheitsanfällig.
Wenn sich nach 66 Tagen noch nichts gerührt hat, könnte es Komplikationen

Der Welpe leckt seiner Mutter die Mundwinkel, um sich Futter zu erbetteln.

geben. Hat die betroffene Hündin schon einmal Junge bekommen und dabei übertragen, muß man sich keine Sorgen machen.
Wird die Hündin dagegen zum ersten Mal Mutter, sollte man ab den 63. Tag den Tierarzt konsultieren.
Ab der vierten Woche wird der Bauch der Hündin sichtbar runder, und das Gesäuge entwickelt sich. Nach wie vor sollte man der Hündin viel Bewegung verschaffen, jedoch von Hochleistungs-

sport wie etwa Agility und anderen anstrengenden Aktivitäten absehen.
Während der Trächtigkeit und der Säugezeit braucht die Hündin energiereiches Futter, das mit Vitaminen und Mineralstoffen angereichert ist. In der Regel gibt man die doppelte Futtermenge (→ Ernährung, Seite 42).
Hinweis: Ab der vierten Trächtigkeitswoche sollte die Hündin unbedingt entwurmt werden.

Scheinträchtigkeit
Bei einer Scheinschwangerschaft zeigen sich zunächst alle Anzeichen, wie sie auch während der Tragzeit auftreten. Die Hündin baut sich ein Nest, der Bauch wird runder, die Zitzen schwellen an usw. Sie nimmt sich irgendeine Stoffpuppe als Ersatzbaby.
Nehmen Sie dann der Hündin das »Ersatzbaby« weg. Bleibt ihr Zustand denoch über einen längeren Zeitraum unverändert, sollten Sie den Tierarzt zu Rate ziehen.

Schon solch ein putziger Geselle braucht eine strenge Hand – auch wenn's schwerfällt.

Vorbereitung auf die Geburt
- Entwurmen Sie die Hündin zwei Wochen vor der Geburt.
- Sprechen Sie rechtzeitig mit Ihrem Tierarzt, damit er am Geburtstermin (auch nachts) in Rufbereitschaft ist.
- Richten Sie der Hündin eine Wurfkiste ein. Die Kiste muß so groß sein, daß die Hündin bequem darin liegen kann und die Kiste muß auch Platz genug für im Durchschnitt 8 Welpen bieten. Legen Sie die Kiste mit einer dicken Lage Zeitungspapier aus und geben Sie z. B. ein Biberbettuch darüber. Nach der Geburt werden Zeitungslage und Bettuch regelmäßig erneuert.
- Nützliche Gegenstände für die Geburt: eine saubere (abgekochte) Schere, Bindfaden, saubere Handtücher, eventuell Welpenmilch (aus dem Zoofachhandel).

Die Geburt
24 Stunden vor der Geburt sinkt die Körpertemperatur Ihrer Hündin um etwa 1 °C auf bis zu 37 °C. Messen Sie daher um den errechneten Geburtstermin regelmäßig die Körpertemperatur (→ Seite 51). Viele Hündinnen bauen sich kurz vor der Geburt ein Nest, werden unruhig und beginnen, in der Wurfkiste zu scharren.
Lassen Sie jetzt die Hündin im Wurfzimmer umherlaufen, wenn sie will. Bewegung kann den Geburtsvorgang unterstützen.
Wenn die Preßwehen einsetzen, liegt die Hündin oft auf der Seite, ihr Rücken krümmt sich, und Sie merken ihr deutlich die Anstrengung an. Kurz darauf erscheint der erste Welpe entweder mit dem Kopf oder mit dem Hinterteil zuerst von der Fruchthülle und der ringförmigen Plazenta umgeben. Die Hündin reißt die Fruchthülle mit den Zähnen auf, trennt die Nabelschnur und frißt die Plazenta. Anschließend leckt sie den Welpen sauber und trocken und regt auf diese Weise seinen Kreislauf an.

Komplikationen bei der Geburt
Erst wenn der Welpe anfängt zu fiepen, wissen Sie, daß alles in Ordnung ist. Verzögert sich dies, müssen Sie das Mäulchen des Welpen kontrollieren und von allen Atemhindernissen wie z. B. Fruchthüllenreste befreien. Rubbeln Sie auch den Brustkorb des Kleinen mit einem sauberen Handtuch kräftig ab. Das imitiert das intensive Lecken der Mutter und stimuliert seine Lebensgeister. Ein Schuß kaltes Wasser über den Brustkorb des Welpen kann ebenfalls stark stimulierend wirken.
Manchmal ist die Hündin so geschwächt, daß sie nicht in der Lage ist, die Fruchthülle zu zerreißen und die Nabelschnur durchzubeißen. Dann müssen Sie eingreifen. Sobald der Wel-

Jeder Welpe ist neugierig – selbst ein so großes Tier wie ein Pferd schreckt nicht ab.

pe geboren ist, reißen Sie die Fruchthülle am Kopf des Welpen auf. So bekommt er schnell Luft und kann atmen. Wenn Sie das Kleine abnabeln müssen, binden Sie die Nabelschnur etwa 2 cm entfernt von der Bauchdecke des Welpen mit starkem Zwirn ab und schneiden Sie die Nabelschnur mit einer sauberen Schere durch.
Zwischen der Geburt zweier Welpen können bis zu vier Stunden vergehen. Ziehen sich die Zeiträume länger hin, sollten Sie Ihre Hündin schnellstmöglich von einem Tierarzt untersuchen lassen.

Der erste Weg an die »Milchbar«
Die Welpen kommen voll behaart, aber blind zur Welt. Instinktiv drängen sie jedoch zu den Zitzen der Mutter und beginnen zu trinken. Über die Muttermilch nehmen die Welpen zahlreiche Abwehrstoffe auf, die sie vor Infektionen schützen.
Hinweis: Hat die Mutterhündin keine oder zu wenig Milch, müssen Sie die Welpen alle zwei Stunden mit einer Ersatzmilch (beim Tierarzt oder im Zoofachhandel erhältlich) ernähren.

Die glückliche Mutter und ihre Welpen
Die frischgebackene Mutter versorgt ihre Kleinen nicht ohne Stolz. Es ist herrlich zu beobachten, wie sie sie pflegt und umhegt, Ausreißer vorsichtig wieder heranzieht und sie allesamt peinlichst sauberhält.
Ab etwa dem 12. Lebenstag öffnen sich Augen und Ohren der Kleinen.
Ab der 3. Lebenswoche brechen die Zähnchen durch.
Mit etwa 4 Wochen starten die Kleinen ihre ersten Ausflüge und versuchen, die Umgebung der Wurfkiste zu erkunden. Sie befinden sich jetzt bis etwa zur 7. Lebenswoche in der sogenannten Prägungsphase. Jetzt ist es sehr wichtig, daß Sie sich viel mit ihnen beschäftigen, damit sie sich an den Menschen gewöhnen. Um die Hündin zu entlasten, können Sie den Welpen jetzt auch schon viermal täglich Welpenaufzuchtmilch und eine Spezial-Vollnahrung für Welpen (beim Tierarzt oder im Zoofachhandel erhältlich) zufüttern.
Ab der 7. Lebenswoche beginnt die Sozialisierungsphase der Welpen. Sie üben nun soziale und andere Verhaltensweisen im Spiel mit den Geschwistern.
Mit etwa 9 Wochen sind die Kleinen von der Mutter entwöhnt und können an ihren neuen Besitzer abgegeben werden.

Im Alter von neun Wochen wechseln die meisten Welpen in die Hände ihres neuen Besitzers. Jetzt müssen Sie sich viel mit dem Kleinen beschäftigen und vom ersten Tag an beginnen, ihn konsequent zu erziehen.

Mit dem Jack Russell Terrier zur Ausstellung

Es gibt verschiedene Gründe, seinen Hund auf einer Hundeausstellung zu präsentieren. Zum einen können Zuchtergebnisse verglichen und Kontakte zu anderen Züchtern aufgenommen werden, zum anderen kann man mit seinem Hund auch Titel erringen.

Ausstellungsarten und Titel

Bei den offiziell anerkannten Zuchtschauen des KfT e.V. von 1894 sowie von VDH/FCI-Veranstaltungen werden je nach Größe, Veranstalter und Teilnehmer unterschiedliche Titel oder Anwartschaften vergeben.

Spezial-Zuchtschau: Ein Spezialrichter beurteilt eine oder mehrere von einem Verein betreute Rasse/Rassen. Vergeben wird das CAC (Certificat d'Aptitude au Championnat), eine Anwartschaft auf das nationale Schönheits-Championat. Zusätzlich zum CAC kann auch noch eine Anwartschaft für den Titel VDH-Champion vergeben werden (nur in Deutschland). Hunde im Alter von 9 bis 18 Monaten können das Jugend-CAC gewinnen, die Anwartschaft auf das nationale Jugend-Championat.

Allgemeine Zuchtschau: An ihr nehmen Hunde aller Rassen teil. Vergeben werden dieselben Anwartschaften wie auf den Spezial-Zuchtschauen.

Internationale Zuchtschau: Teilnehmer sind Hunde aller Rassen. Es wird zusätzlich zum CAC das CACIB (Certificat d'Aptitude au Championnat International de Beauté), die Anwartschaft auf das Internationale Schönheits-Championat, vergeben.

Champion-Titel

Deutscher Champion: Vier CACs bei mindestens drei verschiedenen Spezialrichtern in mindestens drei verschiedenen Bundesländern. Auf einer internationalen Ausstellung muß eine Anwartschaft erworben worden sein. Zwischen dem ersten und letzten CAC müssen 366 Tage liegen.

Jugend-Champion: Vier CACs bei mindestens drei verschiedenen Spezialrichtern in mindestens drei verschiedenen Bundesländern.

Internationaler Schönheits-Champion: Vier CACIBs in mindestens drei verschiedenen Ländern – eines davon im Heimatland – von mindestens drei verschiedenen Spezialrichtern. Dieser Titel ist allerdings zur Zeit für den Jack Russell noch nicht erreichbar.

Formwertnoten

Jeder ausgestellte Hund erhält eine Formwertnote und die Bewertung des Spezialrichters (Richterbericht).

Vorzüglich erhält ein Hund, der dem Ideal des Standards nahekommt, ein ausgeglichenes Wesen hat und sich hervorragend präsentiert (Zuchterlaubnis).

Sehr gut erhält ein Hund mit den obengenannten Vorzügen, der aber »verzeihbare« Fehler hat (Zuchterlaubnis).

Gut erhält ein Hund, der die Hauptmerkmale der Rasse besitzt, aber Fehler aufweist (keine Zuchterlaubnis).

Genügend erhält ein Hund, der seinem Rassetyp nur unzureichend entspricht oder dessen körperliche Verfassung zu wünschen übrig läßt (keine Zuchterlaubnis).

Wer einen standardgerechten Jack Russell Terrier besitzt, kann mit ihm auf Ausstellungen gehen und ihn dort bewerten lassen. Am besten beginnen Sie mit dem Besuch einer Regionalausstellung.

Sachregister

Die **halbfett** gesetzten Seitenzahlen verweisen auf Farbfotos und Zeichnungen. U = Umschlagseite

Aus Liebe und Verantwortung

Heimtiere machen nicht nur Kindern, sondern der ganzen Familie viel Freude. Und ob Hund, Hamster oder Wellensittich – wer sich einmal an den kleinen Liebling gewöhnt hat, möchte ihn nicht mehr missen. Deshalb ist es wichtig, über die Bedürfnisse der Tiere wirklich Bescheid zu wissen. Die **GU Tier-Ratgeber** – von anerkannten Autoren geschrieben – sind ideal als Helfer bei der artgerechten Haltung mit Herz und Verstand. GU Ratgeber gibt es zu allen beliebten Tierarten. Sie sind auch für Kinder geeignet, die ihr Tier selbst versorgen wollen.

34,80 DM/272,-öS/34,80 sFr.

12,80 DM/100,-öS/12,80 sFr.

14,80 DM/116,-öS/14,80 sFr.

12,80 DM/100,-öS/12,80 sFr.

12,80 DM/100,-öS/12,80 sFr.

Mehr draus machen.
Mit GU.

GU GRÄFE UND UNZER

Änderungen und Irrtum vorbehalten.

Adressen

Wenn Sie Probleme mit Ihrem Jack Russell Terrier haben, gibt Ihnen der Autor gerne Auskunft: Hans Lange
Mauritiusstraße 9
65183 Wiesbaden
Tel.: (0611) 300821
oder (06122) 51296

Fragen beantworten auch Ihre Zoofachhändler oder der Zentralverband Zoologischer Fachbetriebe Deutschland e. V.,
D-63225 Langen,
Tel.: (06103) 910732
(nur telefonische Auskunft möglich)

Verbände und Vereine

Fédération Cynologique Internationale (FCI)
13, Place Albert I
B-6530 Thiun

Österreichischer Kynologenverband (ÖKV)
Johann-Teufel-Gasse 8
A-1230 Wien

Schweizerische Kynologische Gesellschaft (SKG/SCS)
Länggaßstraße 8
CH-3001 Bern

Verband für das Deutsche Hundewesen (VDH)
Postfach 104154
Westfalendamm 174
D-44041 Dortmund

Die Anschriften von Hundevereinen und -clubs können Sie bei den vorgenannten Verbänden erfragen.

Haftpflichtversicherung

Fast alle Versicherungen bieten inzwischen auch Haftpflichtversicherungen für Hunde an.

Hauseigene Katzen werden bald als Familienmitglied akzeptiert, fremde Katzen dagegen oft verfolgt.

Krankenversicherung für den Hund
Uelzener Allgemeine Versicherungsgesellschaft AG
Postfach 2163
D-29511 Uelzen

Registrierung von Hunden
Haustier-Zentralregister für die BRD e.V. TASSO
Postfach 1423
D-65783 Hattersheim
Wer seinen Hund vor Tierfängern und dem Tod im Versuchslabor schützen will, kann ihn hier registrieren lassen. Die Eintragung sowie die computergesteuerte Suche bei Vermißtenmeldung sind kostenlos.

Zeitschriften, die weiterhelfen
Unser Rassehund
Herausgeber: Verband für das Deutsche Hundewesen e.V. (VDH), D-44041 Dortmund
Das Tier
Brunnwiesenstraße 23
D-73760 Ostfildern

Bücher, die weiterhelfen
(falls nicht im Buchhandel, dann in Bibliotheken erhältlich)
Haller, Martin: *Jack-Russell-Terrier.* Paul Parey Verlag, Hamburg
Klever, Ulrich: *Hunde.* Gräfe und Unzer Verlag, München
Schlegl-Kofler, Katharina: *Hunde-Erziehung.* Gräfe und Unzer Verlag, München
Streitferdt, Uwe: *Mein kranker Hund.* Gräfe und Unzer Verlag, München

Die Fotos auf dem Buchumschlag
Umschlagvorderseite: Zwei rauhhaarige Parson Jack Russell Terrier, einer mit brauner, einer mit schwarzer Fleckung.
Umschlagrückseite: Rauhhaariger, weißbrauner Parson Jack Russell Terrier

Der Autor
Hans Lange hält seit über zwei Jahrzehnten Jack Russell Terrier. Seit 1987 züchtet er diese Hunde unter dem Zwingernamen »Highfast«. Er gründete 1987 den British-Jack-Russell-Club Deutschland in Wiesbaden und leitete ihn von 1987 bis 1992.

Die Fotografin
Christine Steimer arbeitet seit 1985 als freie Fotografin.
Sie hat sich 1989 auf die Tierfotografie spezialisiert und ist seitdem für die Zeitschrift *Das Tier* tätig.

Wichtige Hinweise
In diesem Ratgeber geht es um die Anschaffung und Haltung des Parson Jack Russell Terriers. Autor und Verlag halten es für wichtig, darauf hinzuweisen, daß sich die Haltungsregeln des Buches in erster Linie auf normal entwickelte Jungtiere aus einwandfreier Zucht beziehen, also auf gesunde, charakterlich einwandfreie Tiere.
Wer einen erwachsenen Hund zu sich nimmt, muß sich bewußt sein, daß dieser bereits wesentliche Prägungen durch den Menschen erfahren hat. Er sollte den Hund besonders genau beobachten, auch in seinem Verhalten Menschen und vor allem Kindern gegenüber. Und er sollte sich auch den vorherigen Besitzer genau ansehen. Ist der Hund aus dem Tierheim, so kann eventuell dieses über die Herkunft des Hundes und seine Eigenheiten Auskunft geben.
Es gibt Hunde, die aufgrund schlechter Erfahrungen mit Menschen in ihrem Verhalten auffällig sind, vielleicht auch zum Beißen neigen. Diese Hunde sollten nur von erfahrenen Hundehaltern aufgenommen werden. Auch bei gut erzogenen und sorgfältig beaufsichtigten Hunden besteht die Möglichkeit, daß sie Schäden an fremdem Eigentum anrichten oder gar Unfälle verursachen. Ein ausreichender Versicherungsschutz liegt im Eigeninteresse; der Abschluß einer Hundehaftpflicht-Versicherung ist in jedem Fall dringend zu empfehlen.
Lassen Sie bei Ihrem Hund auch alle notwendigen Schutzimpfungen und Entwurmungen durchführen, da sonst eine erhebliche gesundheitliche Gefährdung von Mensch und Tier möglich ist.
Zeigen sich bei Ihrem Hund Krankheitsanzeichen, sollten Sie unbedingt einen Tierarzt zu Rate ziehen. Gehen Sie im Zweifelsfall auch selbst zum Arzt.

Die Zeichnerin
Renate Holzner arbeitet als freie Illustratorin in Regensburg. Ihr breites Repertoire reicht von Strichzeichnungen über fotorealistische Illustrationen bis hin zur Computergrafik.

Dank
Autor und Verlag danken Herrn Florian König für seine fachliche Beratung im tierärztlichen Bereich.

© 1996 Gräfe und Unzer Verlag GmbH, München
Alle Rechte vorbehalten. Nachdruck, auch auszugsweise, sowie Verbreitung durch Film, Funk und Fernsehen, durch fotomechanische Wiedergabe, Tonträger und Datenverarbeitungssysteme jeder Art nur mit schriftlicher Genehmigung des Verlages.

Redaktion: Gabriele Linke-Grün, Anita Zellner,
Zeichnungen: Renate Holzner
Herstellung: Monika Pamp
Umschlaggestaltung: Heinz Kraxenberger
Satz: Filmsatz Schröter
Reproduktion: Penta
Druck und Bindung: Appl, Wemding

ISBN 3-7742-2685-7

Auflage	4.	3.	2.	1.
Jahr	99	98	97	96

Warten auf die Treibjagd. Der Jack Russell Terrier ist in erster Linie ein Arbeitshund, der sich sehr gut für die Jagd eignet, vor allem die Baujagd auf Dachse und Füchse. Leicht lernt er, seine jagdlichen Aufgaben zu erfüllen, das Wild aufzuspüren und aus dem Bau zu treiben.